카네기 대화술

*Public speaking and
Influencing men
in business*

Dale Carnegie

대화술

데일 카네기 지음 / 미래경제연구회 옮김

*Public speaking and
Influencing men
in business*

도서 출판 **선영사**

머리말

내가 뉴욕 시 125번 가의 YMCA에서 최초로 '대중 화술public speaking : 연설·강연·토론 등 대중 앞에서 말하는 것' 강좌를 시작한 것은 1912년이었다.

당시, 대중 앞에서 말을 한다는 것은 단순한 변론이라기보다 일종의 예술로 인식되고 있었다. 그러므로 대중 화술에 있어서 변론이 좋고 표현력이 풍부한 웅변가나 연설가의 양성에 주안점을 두었다.

그러나 좀더 자유롭고 자신감 있는 표현을 원하는 일반 실업가와 전문직 기능자들은 시간과 돈을 지불하면서까지 변론의 기술적인 법칙, 소리를 내는 방법, 혹은 수사의 기교와 제스처 등을 배우려 하지 않았다.

이러한 가운데 나의 '효과적으로 말하는 방법대화술'이 점점 성공하게 된 것은 그 강좌가 일반인들에게 큰 효과를 나타냈기 때문이다.

변론술이란 특별한 재능이나 적성이 필요치 않으며, 일반인 누구나 응용할 수 있다고 생각하여 여기에 중점을 두고 계발해 낸 것이 바로 나의 화술 방법이었다.

그리하여 오늘날까지 나의 스피치 코스는 전세계를 석권했고, 그 효과는 나의 가르침을 받은 수많은 수강생들에 의해 증명되고 있다.

남녀노소를 불문하고 각자의 인생은 다르며, 그들의 말하는 능력에 따라 인격 또한 증진된다. 특히 현대의 처세나 성공 여부는 바로 말하는 태도나 능력에 의해 좌우된다고 해도 과언이 아니다.

내가 강좌의 교과서로 선택한 《대중 화술과 사업에 있어서 사람을 움직이는 법Public speaking Influencing Men in Buiness》은 50판 이상 출판되었고, 세계 각국어로 번역 출간되었다.

또 나의 지식과 경험에 따라 여러 번 개정하였음을 밝혀둔다.

_ Dale Carnegie

차 례

머리말 5

효과적인 화술의 기본

어떤 기능을 습득하기 위해서는
기본 원칙과 거기에 소요되는 시간,
그리고 많은 기교가 필요하다.
이 책의 제1부 각 장에서는 효과적인 화술의
근본 원칙과, 그 원칙의 활용법을 분명하고
정확하게 설명해 주고 있다.
우리들의 관심사는 무엇보다도 신속하고
정확하게, 그리고 보다 쉽게 목적을 달성하는
데 있다. 거듭 강조하지만 빠르게 배우는
길은 목표를 정하고 굳건하게 전진하는
올바른 태도와 기본적인 원칙으로
스스로가 확실히 파악하는 것 이외에는
별다른 방법이 없다.

Public speaking and Influencing men in business

01

기본적 기능

Public speaking Influencing Men in Buiness

타이타닉 호가 북대서양의 차가운 바닷속에 침몰했던 바로 그 해 1912년에, 나는 처음으로 대화술 강좌를 시작했다. 그 뒤, 이 강좌를 수강한 사람은 무려 75만 명에 이른다.

개강에 앞선 예비 소집에서 수강자들에게 왜 대화술의 강습을 받아야 하는가, 또 그 결과로써 무엇을 얻어야 한다고 생각하는지 고백하는 기회를 주었다. 물론 개개인의 표현은 모두 달랐지만, 대개 다음과 같이 공통된 희망을 갖고 있었다.

"나는 많은 사람들 앞에서 이야기를 할 경우 심한 자의식에 휩싸여, 눈앞이 캄캄해지고 정신을 가다듬을 수 없을 뿐만 아니라, 말을 하고 싶어도 어떤 말도 생각해 내지 못합니다. 그러므로 평정을 유지하면서 침착하게 생각할 능력을 갖고 싶습니다. 논리적으로 생각을 정리하여 사업상이나 사교적인 모임에서 능수 능란하게 이야기할 수 있기를 바랍니다."

어디서 많이 들어본 듯한 문구라고 생각되지 않는가? 당신도 이와 같은 무력감을 느껴본 적이 있지 않은가? 만약 그렇다면 세련되게 말할 수 있는 화술을 갖기 위하여 다소의 비용을 지불할 마음은 없는가?

이 책을 읽고 있는 당신이라면 그렇게 할 수 있으리라. 왜냐하면 이 책을 읽기 시작했다는 것은 무엇보다도 효과적인 화술법에 관심을 갖고 있다는 증거이기 때문이다.

그러나 당신은 이렇게 물을지도 모른다.

"카네기 씨, 당신은 정말 내가 많은 사람들 앞에서 전혀 막힘 없이 이야기할 수 있게 되리라 생각하십니까?"

나는 많은 사람들이 공포를 극복하고 용기와 자신을 갖고 이야기할 수 있도록 도와주는 일에 전 생애를 바쳐 왔다.

내 강의를 듣고 효과를 본 일을 일일이 서술한다면, 수백 권의 책이 되고도 남을 것이다. 현재 자신의 처지는 문제가 되지 않는다. 이 책에 나오는 지시나 권유를 그대로 실천한다면, 누구든 훌륭한 대화를 할 수 있다고 나는 확신한다.

혼자 있을 때는 모든 것이 잘 생각나는데, 청중 앞에서는 왜 그렇게 되지 않는지 그 이유를 알고 있는가? 청중을 향하여 이야기를 하려는 순간에 갑자기 안개에 싸인 듯한 기분이 되고 쉴새없이 떨리는 이유는 어디에 있을까?

이 책은 그 원인을 찾아내어 그것을 극복하는 데 도움을 줄 수 있다. 그러나 이 책은 흔히 볼 수 있는 화술 구조의 법칙이나 발성, 발음의 해설서가 아니다. 성인을 대상으로 효과적인 화술 훈련에 임하면서 경험한 몇 가지 실례를 중심으로 썼다.

이 책은 현재를 출발점으로 당신이 원하는 결과를 최대한 이끌어 낸다. 그 동안 당신은 성실히 협력하고, 이 책에 나오는 권유를 기회 있을 때마다 실제로 실천해야 한다. 역경에 부딪치더라도 도중에 포기하지 말고 계속하기 바란다.

다음에 서술하는 네 가지는 이 책에서 최대의 이익과 빠른 효과를 끌어내는 역할을 할 것이다.

타인의 실례에 의해 용기를 북돋우라

동서 고금을 불문하고 태어날 때부터의 달변가는 존재하지 않는다. 수사에 의한 뛰어난 변론술을 예술로 취급하던 시대에도 달변가가 되는 것은 무척 힘든 일이었다.

오늘날에는 변론술을 회화의 연장이라고 보고 있다. 매우 돋보이는 스타일이나 낭랑한 목소리는 영원히 과거의 것이 되고 말았다.

만찬회나 교회의 예배 또는 텔레비전이나 라디오에서 우리들이 듣고 싶어하는 것은, 이야기하는 사람이 일방적으로 들려주는 것이 아니라, 공통의 관심사로 솔직 담백한 대화를 나누는 것이다.

학교에서 사용하고 있는 대화술에 관한 교과서를 읽고, 변론술이라는 것은 다년간에 걸친 음성의 단련과 어려운 수사의 공부를 마쳐야만 터득할 수 있는 폐쇄적인 특수 기능처럼 생각하기 쉬우나, 사실은 그렇지 않다.

1912년, 뉴욕 시 125번 가의 YMCA에서 처음으로 강좌를 시작했을 때는 나도 수강생과 마찬가지로 아무것도 몰랐다. 이때 내가 지향한 강의법은 미주리 주 워렌스 대학에서 배운 것과 비슷하였다.

나는 사회에서 이미 확고한 위치를 점유하고 있는 사람들을 마치 대학 신입생처럼 가르치려 했고, 웹스터·버그·피트·오코넬 같은 대 웅변가의 연설을 교본처럼 흉내 내는 무의미한 짓을 했다.

수강생들은 업무상의 모임 등에서 논리 정연한 보고를 목적으로 용기를 얻기 위해서 내 강좌를 들었다.

나는 즉시 나의 방법이 잘못되었다는 것을 깨달았다. 그로부터 얼마 후 나는 교과서를 창밖으로 내던지고 빈손으로 강단에 서서, 두세 가지 단순한 원리만을 강의하기 시작했다.

그리고 성공했다. 수강자들은 도중에 포기하지 않고, 좀더 많은 것을 배우고자 최후까지 견디어 주었다.

나의 집이나 세계 각지의 지사에 보존되어 있는 감사장을 될 수 있는 대로 많은 사람들에게 보이고 싶다. 그 감사장을 준 사람 중에는 〈뉴욕 타임스〉의 경제면이나 《월 스트리트》지誌에 자주 등장하는 산업계의 지도자가 있는가 하면, 주지사·국회의원·대학 학장, 또는 예술계의 유명 인사도 있다. 그 외에 가정주부·목사·교수 및 지역 사회의 유명인에서부터 젊은 남녀·중역·중역 후보자·숙련공·노동자·조합 관계자·대학생에 이르기까지 일일이 밝힐 수가 없을 정도로 많다.

이 모든 사람들은 한결같이 군중 앞에서 명쾌하게 자기를 표현하는 능력의 필요성을 느꼈던 사람들이다.

이 능력을 자기 것으로 만들 수 있었던 사람들이 감사의 뜻으로 나에게 감사장을 보내온 것이다.

그 중에서 특히 기억에 남는 사람이 있다. 바로 필라델피아에서 성공한 D. W. 켄트 씨이다.

어느 날, 나는 점심 식사 초대를 받았는데, 그 자리에서 그는 이렇게 말했다.

"카네기 씨, 나는 현재까지 수많은 집회나 모임에서 연설할 기회가 많았습니다. 그러나 그때마다 어떤 핑계를 대서든지 회피하고 말았습니다. 그런데 이번에는 대학 모임의 회장을 맡게 되었습니다. 그래서 의논하고 싶은 것은, 나처럼 나이 든 사람도 사람들 앞에서 이야기하는 법을 배울 수 있느냐는 것입니다."

나는 나의 강의에서 그와 같은 입장에 놓인 사람들을 많이 만나본 결과 켄트 씨도 반드시 할 수 있다고 대답했다.

그로부터 3년 후, 나와 켄트 씨는 제조업자 클럽에서 두 번째 점심 식사를 하게 되었다. 그와 처음 만났던 바로 그 자리였다. 우연의 일치라고 할까?

나는 예전의 일을 기억하고 결과가 어떻게 되었는지 물어보았다. 그는 미소를 지으며 주머니에서 빨간 수첩을 꺼내서 보여 주었다. 거기에는 의뢰받은 연설의 예정표가 빽빽이 적혀 있었다.

켄트 씨는 이렇게 말했다.

"연설을 할 수 있는 능력과 그것을 실행하는 기쁨, 그렇게 함으로써 사회에 기여하는 봉사야말로 나의 인생에 있어서 무엇보다도 보람 있고 즐거운 일입니다."

그뿐만 아니라, 더욱 놀라운 일이 그에게 일어났다. 그의 말에 의하면, 자신이 속해 있는 교회의 클럽이 필라델피아에서 열리는 대회의 연사로 영국 수상을 초대하였다.

그때 많은 교인들이, 좀처럼 미국에 오지 않는 이 유명한 정치가를 청중에게 소개하는 사회자로 켄트를 지명하였던 것이다. 이처럼 활발한 활동을 하고 있는 사람이 불과 3년 전 자신도 화술법을 배울 수 있느냐고 물어본 사람이라니 믿기 어려운 사실이다.

또 다른 예를 들어보자. 지금은 이미 고인이 되었지만, B. F. 굿리치 사의 회장이었던 데이비드 M. 굿리치는 어느 날 나를 찾아와서 이렇게 말했다.

"태어나면서부터 현재까지, 나는 연설 공포증에서 벗어나질 못했습니다. 나는 이사회에서 의장을 맡지 않으면 안 됩니다. 이사회의 임원은 오랫동안 친분이 있는 사람들로 테이블에 마주 앉아 있는 동안은 아무런 거리낌도 없이 이야기를 나눌 수가 있습니다.

그런데 일어서서 이야기를 하려고 하면 웬지 온몸이 굳어 버립니다. 정말 한 마디의 말도 나오질 않습니다. 이 몇 해 동안 그런 대로 버텨왔지만 더 이상은 곤란합니다. 당신도 나의 이 고질병은 어쩌지 못할 것입니다. 나는 중환자입니다. 나의 증상은 분명히 만성이 되어 있을 것입니다."

나는 차분하게 물었다.

"손을 쓸 수가 없다고 생각하셨다면 왜 저를 찾아오셨습니까?"

그러자 그는 이렇게 대답했다.

"그 이유는 간단합니다. 나는 개인적인 경리 사무를 관리하기 위해서 회계사를 고용하고 있습니다. 이 회계사가 자기 근무처로 가기 위해서는 내 사무실을 반드시 거쳐야 하는데, 그는 지나치게 내성적이어서 몇 년 동안 언제나 발끝만 내려다보고 입을 꼭 다문 채 황급히 지나가곤 했습니다.

그런데 언제부터인지 생기 있는 눈으로 정면을 응시하며 나의 사무실로 들어와서 활기 찬 목소리로 '안녕하십니까, 굿리치 씨?' 하고 인사를 합니다. 너무나 변한 그를 보고 나는 깜짝 놀랐습니다.

그래서 물었습니다. '이렇게 변한 것은 대체 누구 때문인가?' 그러자 그는 당신의 강의를 들었다고 가르쳐 주었습니다. 그래서 이렇게 당신을 만나고자 찾아온 것입니다. 그 회계사가 변한 것은 확실히 내 눈으로 보아도 의심할 여지 없는 사실입니다."

나는 굿리치 씨에게 빠짐없이 내 강의를 듣고 그 내용대로 충실히 실천한다면 2, 3주 만에 청중들 앞에서 이야기할 수 있게 될 것이라고 말했다.

그는 강의를 들으면서부터 눈에 띄게 변해 갔다. 그리고 3개월 후 나는 아스트 호텔에서 3천 명이 모인 집회에 참석하여, 우리들의 성과에 대하여 이야기해 줄 것을 그에게 의뢰하였다. 그러나 선약이 있어서 참석할 수 없다는 회신이 왔다. 다음날 그는 나에게 전화를 걸어 왔다.

"어제는 실례했습니다. 선약은 취소했으니 집회에 참석하여 연단에 서겠습니다. 나에게는 그렇게 할 의무가 있습니다. 나는 청중에게 나 자신이 어떻게 변했는가를 이야기하겠습니다. 예전의 나처럼 연설의 공포에서 헤어나지 못하는 사람들에게 그것을 극복할 수 있는 용기와 방법을 전해 줄 수 있다면 얼마나 보람되겠습니까?"

나는 그에게 2분간만 이야기해 달라고 부탁했다. 그러나 그는 3천 명의 청중을 향하여 11분 동안이나 열심히 이야기했다.

나는 그 같은 기적이 일어나는 것을 수없이 보아 왔다. 때로는 단 한 번의 강의로 소망이 성취되는 경우도 있다. 그 한 예로써 마리오 라조의 이야기를 여기에 소개하겠다.

몇 년 전, 나는 쿠바에서 온 뜻밖의 전보를 받았다. 발신인의 이름은 마리오 라조로 되어 있었다. 도대체 기억에도 없고 이름조차 들어본 적이 없는 사람이었다.

"하바나 컨트리 클럽에서 창립자의 50회 생일 축하 파티가 열릴 예정입니다. 그 자리에서 나는 그에게 감사패를 증정하고, 그날 밤의 최대 관심사인 연설을 하기로 초대를 받았습니다.

나는 변호사입니다만, 이제까지 연설은 한 번도 해 본 일이 없습니다. 많은 사람들 앞에서 이야기할 것을 생각만 해도 몸이 바싹 타버릴 것 같은 공포에 휩싸입니다. 만일 실수한다면, 아내도 나도 사교계에서 다시는 체면을 유지할 수 없고, 게다가 나의 직업상의 신망에도 상처를 입을지 모릅니다.

그래서 무엇인가 도움을 받고자 이렇게 쿠바에서 찾아왔습니다. 이곳에 머무를 수 있는 기간은 3주밖에 없습니다."

그 3주 동안 나는 마리오 라조 씨에게 하루에 서너 차례씩 연설 연습을 시켰다.

마침내 마리오 라조 씨의 연설은 《타임》지가 해외 뉴스란에

그를 '시원한 언변을 가진 웅변가'라고 소개할 정도로 훌륭한
것이었다.

기적과 같은 일이라고 생각되지 않는가? 그렇다. 그것은 틀림
없는 기적―공포의 극복, 이것은 20세기의 기적이다.

목표를 생각하라

앞에서 말한 켄트 씨가 청중 앞에서 이야기할 수 있게 된 것
은 새로운 능력이 개발되었기 때문이라고 말하고 있지만, 사실
은 그렇지 않다. 켄트 씨가 나의 지도에 따라 부여된 과제를 충
실히 수행한 것은 사실이다.

그러나 켄트 씨가 청중 앞에서 연설을 하게 되기까지에는 그
것에 대한 갈망과 웅변할 때의 자기 모습을 상상했기 때문이라
고 나는 확신한다. 결국 켄트 씨는 자기의 미래를 상상하고, 그
미래상을 현실의 것으로 만들기 위해 노력한 것이다. 당신도 켄
트 씨처럼 한다면 반드시 이룰 수 있다.

효과적인 이야기 방법을 잘 소화했을 때, 그것이 당신에게 어
떠한 것을 의미하는지 생각해 보라.

사교상 그것이 당신에게 의미하는 것, 그것이 가져다 주는 새
로운 친분, 개인적?사회적 활동, 교회의 일원으로서 공헌하는 능
력의 향상, 사업이나 직업에서 발휘하는 영향력……. 한 마디로

말해서 그것은 당신을 지도적인 지위에 이르도록 해 주는 지름
길 역할을 할 것이다.

내셔널 금전등록기 회사의 회장이며 유네스코 의장인 J. C.
아린은 《컨트리 저널 오브 스피치》변론에 관한 잡지에 기고한 〈사
업에서의 변론과 지도적 지위〉라는 제목의 기사에서 다음과 같
이 서술했다.

'사업가들 중에는 뛰어난 연설로 많은 사람들의 관심을 모
은 이들이 적지 않다. 또 그것은 대단한 노력을 요한다. 당시 캔
자스 주 말단 지부의 책임자에 지나지 않던 어떤 젊은이가 뛰
어난 연설로 사람들의 이목을 끈 적이 있었는데, 그가 우리 회
사의 세일즈 담당 부사장을 맡고 있다.'

나는 이 부사장이 현재의 내셔널 금전등록기 회사 사장이라
는 것을 알고 있다.

내 강좌의 수강생이었던 아메리카 사보 사의 헨리 블랙스턴
사장은 이렇게 말하였다.

"타인과 효과적으로 의사를 소통하고 그 협력을 받는 능력은,
장래 최고의 지위에 오를 수 있는 조건의 하나이다."

자신감을 가지고 자기의 생각과 감정을 청중들에게 이해시킨
다는 만족감과 기쁨을 상상해 보라. 나는 여러 번 세계 여행을
했지만, 말로써 청중을 사로잡는 것과 비교할 만한 기쁨은 좀처
럼 맛본 적이 없다.

나의 가르침을 받은 한 사람은 이렇게 표현하고 있다.

"언제나 연설을 시작하기 2분 전에는 구둣발로 한 대 챈 편이 훨씬 나을 것 같은 기분입니다. 그러나 끝나기 2분 전에는 이야기를 중단하기보다는 총살당하는 편이 나을 것 같은 기분이 듭니다."

자, 이젠 청중들 앞에 서 있는 자신을 상상해 보자. 자신을 가지고 연단에 서서, 군중들의 이야기를 귀 기울여 듣지 말고 자신의 생각을 정확하게 말한다. 그러면 자기의 이야기에 청중이 이끌려 오는 기분을 느끼고, 뜨거운 갈채를 받으면서 연단을 내려간다. 행사가 끝났을 때 누구인가가 공감을 느낀 내용을 얘기하게 된다.

이 일련의 과정 중에는 어느 것과도 비교할 수 없는 매력과 잊을 수 없는 자극적인 스릴이 포함되어 있다.

하버드 대학의 유명한 심리학 교수인 윌리엄 제임스는 독자들의 일생에 깊은 영향을 주었던 다음과 같은 글을 썼다. 그것은 용기라는 보물을 감춘 알리바바의 동굴의 문을 여는 '열려라, 참깨'의 주문과 같다.

어떠한 분야에 있어서도 궁극적인 힘이 되는 것은 목적을 향한 정열이다. 결과에 대한 마음이 절실하다면, 확실히 그 결과에 도달할 수 있다. 선인이 되고자 한다면 선인이 될 수 있고,

부자가 되고 싶다고 갈망하면 부자가 될 수 있다. 학자가 되고 자 하면 학자가 될 수 있다. 그러나 이렇게 자신의 목표를 이루 기 위해서는 다른 것에는 전혀 신경 쓰지 말고 오로지 그것만 을 염원해야 된다.

많은 사람들을 향하여 효과적으로 이야기할 수 있도록 훈련 하는 과정에서 얻는 것은 단지 공식적인 연설을 하는 능력만은 아니다. 이 훈련에서 얻어지는 이익은 매우 많다. 다시 말하면, 사람들 앞에서 이야기하는 훈련은 곧 자신감을 갖게 하는 훈련 인 것이다.

많은 사람들을 향하여 자신 있게 이야기하는 사람은 보다 큰 자신을 가지고 이야기할 수 있음은 지극히 당연한 일이다.

나의 '효과적인 화술 방법'의 강좌에 참가했던 사람 중에는 무엇보다도 사교적인 모임에서 수줍음과 과도한 자의식에서 벗 어나고 싶다는 욕구가 동기가 되어 찾아온 사람들이 많았다. 그러나 그들은 같은 반 사람들 앞에서 스스럼없이 이야기할 수 있는 자신의 능력을 확인하면서, 심한 자의식의 어리석음을 스 스로 깨닫게 되었다. 그래서 새롭게 습득한 융통성 있는 태도 로 주위 사람들을 놀라게 하였다.

수강자 중에는 앞서 예를 든 굿리치처럼 눈에 띄게 성격의 변화를 가져온 것을 보고, 그것이 참가의 동기가 된 사람들도 적지 않았다.

그러나 이런 훈련이 성격에 끼치는 영향 중에는, 그 효과가 즉시 표면에 나타나지 않는 것도 있다.

나는 애틀랜틱 시의 외과 의사이자 미국 의학협회의 회장이었던 데이비드 아르만 박사에게 화술 훈련이 정신과 육체에 미치는 영향에 대해 의견을 듣고자 하였다. 그러자 박사는 미소를 지으며 대답했다.

"최선을 다하여, 자기의 생각을 타인에게 이해시키는 능력을 양성해야 합니다. 자기의 사상과 생각을 개인이나 대중에게 분명히 알리는 것은 매우 중요합니다.

이것을 실천하는 사람은 이중의 이익을 얻게 됩니다. 말하자면 타인에게 이야기하는 연습을 하면서 자신감을 갖게 됨에 따라 포용력과 인격, 그리고 자질의 향상을 가져옵니다. 이것은 정서적으로 융통성이 생긴다는 의미가 되고, 정서적인 융통성이 생기면 육체적으로도 경쾌해집니다.

화술은 남녀 노소를 막론하고 누구나 필요한 것입니다. 그것이 사업이나 직업에 가져다 주는 직접적인 이익은 잘 못 느낍니다. 다만 그것이 막대한 영향을 끼친다는 것을 막연히 짐작할 뿐입니다. 그러나 그것이 건강에 미치는 영향은 잘 알고 있습니다.

누구든지 기회만 있으면 이야기를 나누도록 해야 합니다. 경험을 쌓으면 쌓을수록 차차 익숙하게 이야기가 전개될 것입니다. 이것은 나 자신이 직접 경험한 것입니다. 그때까지 생활하면서 느끼지 못했던 점, 즉 자기는 원만한 사람이라는 느낌을 자각하게 됩니다. 그것은 즐거운 감각적 체험이며, 어떠한 약으로도 얻지 못하는 효험입니다.

목표를 생각하며 연설의 두려움이 없어진 자신의 모습을 상상해 보라. 그리고 많은 사람들 앞에서 공감할 수 있는 이야기를 할 때, 거기에서 얻어지는 이익을 신중히 생각해 보라.

그리고 윌리엄 제임스가 한 다음의 말을 늘 기억하라.

"어떤 결과를 얻고자 하는 마음이 실로 절실하다면 그 결과에 도달하는 것은 확실하다."

성공을 확신하라

당신은 이미 자신감에 넘쳐 효과적으로 의사를 표현할 수 있는 자신의 모습을 상상하고 있을 것이다. 결과를 얻기 위해서는 세 가지 방법을 염두에 둬야 한다.

사람들 앞에서 이야기하기 위해서는 노력의 대가로 얻어지는 결과에 무조건 낙관적으로 생각해서는 안 된다. 또한 이 능력의 개발을 목표로 헌신한다는 결의를 행동으로 나타내지 않으면 안 된다.

확고한 신념의 결의가 얼마나 필요한지 증명하는 예를 여기 소개하겠다.

이 이야기의 주인공은 사업 경영자로 높이 평가받고 있으며, 사회 저명 인사들의 존경의 대상이었다.

그런데 그가 대학 재학 당시 처음으로 대중 앞에서 이야기를 하려고 할 때, 아무리 해도 말이 잘 나오지 않았다. 그래서 교수로부터 할애받은 5분의 반도 못 채우고 얼굴이 파랗게 질려 눈물이 고인 채 쫓기듯이 연단에서 내려오지 않을 수 없었다.

그러나 학생 시절에 맛본 이 쓰라린 경험은 결코 그를 좌절시키지 못했다. 그는 훌륭한 연설을 할 수 있는 인물이 되겠다고 결심하고, 세계적으로 존경받는 정부의 경제 고문이 되기까지 그 결의를 버리지 않았다.

그 사람의 이름은 클라렌스 B. 란돌이다. '자유의 신앙'이란 저서에서 그는 화술에 대해서 다음과 같이 썼다.

지금까지 내가 제조업자 협회·상공회의소·로터리 클럽·모금 운동·학교 동창회 등의 모임이나 만찬회에서 행한 연설로 공로상을 받는다면 나의 양복 가슴에서 어깨까지 메달로 가득 채워질 것이다.

제1차 세계대전 중 미시간 주의 에스카나바에서는 애국의 변론으로, 자선 운동에 참가할 때는 인기 배우인 미키 루니와, 또 교육 운동을 할 때는 하버드 대학 학장인 제임스 B. 코난드와 시카고 대학 총장인 로버트 M. 허친스 등과 지방 유세를 다녔다. 서툰 프랑스어로 만찬 후의 연설을 한 일도 있다.

나는 청중이 무엇을 알고 싶어하는지, 또한 그것을 어떻게 이야기해야 하는지 잘 알고 있었다. 중요한 사업을 책임 지는 지위에 오르고 싶은 인물이라면 무엇이든 배우고자 하는 마음이 있어야 하며, 배워서 안 될 것은 하나도 없다.

나는 란돌 씨의 의견에 찬성한다. 성공하겠다는 의지는 효과적인 화술을 터득하는 과정에서 매우 중요한 요소이다.

만일 내가 당신의 마음을 들여다보고 당신의 열의와 사고의 명암을 볼 수 있다면, 확실하게 어느 정도 빨리 의사 전달의 기술을 터득할 수 있는지 알려 줄 것이다.

전에 중서부 지방에서 개최했던 내 첫 강의에서 한 남자가 일어서더니, 자기는 건축업자인데 무슨 짓을 해서라도 미국 건축업 협회의 대변인이 될 것이라고 겁없이 말했다. 그는 여러 지역을 순회하면서 협회 사람들에게 건축이 지닌 사명과 업적을 이야기하는 것은 매우 바람직한 일이라고 말했다.

이 사람, 조 헤이버스틱은 진심으로 그렇게 말한 것이다. 그와 같은 수강자가 있다는 것은 강사의 기쁨이다. 그는 진정으로 열심이었다. 지방 문제뿐만 아니라 국가 전체의 문제에 관해서도 이야기하고 싶어하였으며, 그의 결심은 결코 중도에서 끝날 것 같지 않았다.

가장 바쁜 시기에도 자기가 이야기할 내용을 완전히 검토하고, 열성적으로 연습하면서 강의를 결석한 적이 한 번도 없었다. 그는 우수한 수강생으로 내 강의 내용을 충분히 실천하였다. 결국 자기로서도 놀랄 정도로 빠르게 진보해 갔다.

2개월이 지난 뒤 그는 학급 안에서 가장 우수한 수강자가 되어 학급 회장으로 선출되었다.

다음의 글은 1년 후 그의 학급을 맡고 있던 강사가 기록해 둔 것이다.

나는 조 헤이버스틱이라는 사람의 일은 모두 잊어버리고 있었습니다. 그런데 어느 날 아침 식사를 하기 위해 식탁 앞에 앉아서 신문을 펼쳤는데, 그의 사진과 기사가 게재되어 있었습니다. 그 기사에 의하면, 그가 미국 건축업자 협회의 대변인이 아닌 회장이 되었다는 것입니다.

그처럼 빠르게 성공하기 위해서는 다음의 세 가지를 갖추어야 한다. 즉, 패기에 넘치는 희망, 산을 평지로 만들어 보일 정도의 지속성, 그리고 성공할 수 있다는 확고한 자신감이다.

줄리어스 시저가 군대를 이끌고 해협을 건너 영국에 상륙했을 때, 그는 그 정복을 성공으로 이끌기 위하여 어떻게 했을까?

시저는 대군을 도버 해안에 머물게 하고, 그들이 보는 앞에서 모든 군함에 모조리 불을 질렀다. 적지에 와서 퇴각의 최후 수단인 군함이 연기로 사라지고 말았으므로, 남은 길은 단 하나 앞으로 전진하여 적을 정복하는 것 이외에는 없었다. 그래서 시저의 군대는 목숨을 걸고 싸운 것이다.

이것이 불멸의 시저의 혼이다. 청중에의 공포에서 벗어나고자 하는 당신도 이러한 방법을 연습해 보면 어떻겠는가? 소극적인 생각은 불길 속에 내던지고, 우유부단한 과거에도 남김없이 철조망을 쳐서 막아 버려라.

모든 기회를 잡고 연습하라

나는 매년 새로운 아이디어로 강의하려고 노력하는데, 언제나 변하지 않는 철칙이 하나 있다. 그것은 수강자 전원을 1회 정도때에 따라서는 2회 정도 대중 앞에서 이야기를 시키는 것이다.

왜 그럴까? 그것은 물 속에 들어가지 않고는 수영을 배울 수 없는 것과 마찬가지로, 실제로 사람들 앞에서 이야기를 해 보지 않고서는 청중들 앞에서 이야기하는 것을 터득할 수 없기 때문이다.

우선 이 책을 포함해서 화술에 관련된 책을 차례차례 독파한 뒤에도 배우지 못한다면 그것은 어쩔 수 없는 일이다.

대화술에 관한 한 이 책이 가장 완벽한 교본이다. 그렇지만 이 내용을 실행에 옮기지 않는다면 아무런 의미가 없다.

조지 버나드 쇼는 어떻게 청중을 상대로 설득력 있는 이야기를 할 수 있게 되었는지 질문받자 이렇게 대답했다.

"스케이트를 배우는 것과 같은 요령입니다. 몇 번 실패하여 창피를 당해도 포기하지 않고 끝까지 연습을 하는 것입니다."

젊었을 때의 쇼는 병적일 정도로 소심한 사람이었다. 누군가를 방문할 때에도 방문한 집의 문을 노크하지 못하고, 몇 분씩이나 템스 강변을 서성거렸다.

"아무것도 아닌데 수줍어서 나 혼자 어려워하고 부끄러워했습니다. 나 같은 사람도 무척 드물 것입니다."

하고 그는 고백했다.

그러나 그는 곧 소심함과 수줍음과 공포를 이기기 위해서 노력하였고, 효과가 있는 확실한 방법을 생각해 냈다.

그는 많은 토론회에 참석하였다. 공개 토론 모임이 있으면 빠짐없이 참석하였다. 그가 사회주의 운동에 마음을 두고 있었을 때, 재기에 넘치는 이야기를 할 수 있을 정도로 자기를 개조한 것이다.

이야기할 수 있는 기회는 많이 마련되어 있다. 조직 내에서 이야기를 많이 해야 하는 직책을 스스로 맡아라. 어떠한 의견에 찬성을 표명하는 것만으로도 좋으니 공개 석상에서 일어나

자기의 주장을 내세워라. 소규모의 모임에서도 한 자리에 가만히 앉아 있어서는 안 된다. 반드시 자신의 의견을 표시해야만 한다.

주일학교에서 누군가를 가르치는 것도 한 가지 방법이다. 보이 스카우트의 지도자가 되는 것도 좋다. 적극적으로 모임을 갖는 클럽이라면 어떤 클럽에라도 가입하라. 이야기해 보지 않고는 그 사람이 어느 정도 진보되었는지 알 수 없다.

"그것은 잘 알고 있습니다. 하지만 나는 배움의 한계에 부딪치면 두려워집니다."

하고 한 젊은 사업가가 나에게 말한 적이 있다.

나는 이렇게 대답했다.

"한계라고요! 그런 생각은 머릿속에서 지워 버리도록 하십시오. 당신은 배움에 대한 올바른 태도와 극복하리라는 결의를 갖는 것이 필요합니다."

"무슨 뜻입니까?"

하고 그는 고개를 갸우뚱거리며 반문하였다.

"모험 정신으로 모든 일에 임하라는 것입니다."

그리고 나는 대중 앞에서 이야기할 것을 권하고 또 자기의 인격을 유연하게 펼쳐 보임으로써 성공으로 도달하는 길에 대해서 간단히 설명해 주었다.

이 책을 읽고 그 원리를 실제로 응용해 보는 동안 당신도 또

한 모험의 세계에 빠져들 것이다. 그 동안 당신을 지켜주는 것은 자기 자신을 가르치는 힘과 직감력임을 알게 되고, 그 모험이 당신을 변화시킴을 체험할 것이다.

02

자신감을 갖는 방법
Public speaking Influencing Men in Buiness

"**카네기 씨**, 5년 전에 나는 당신이 공개 강의를 하는 호텔에 갔었습니다. 그러나 강의실 문 앞까지 가서 그 자리에 서고 말았습니다. 만일 망설임 없이 그 강의실안으로 들어간다면, 강좌에 참가하게 되어, 조만간 나도 연설을 하지 않으면 안 된다는 것을 알고 있었기 때문에 무서워진 것입니다. 나의 손은 얼어붙어, 아무래도 문을 열고 들어갈 수가 없었습니다. 나는 호텔을 되돌아 나오고 말았습니다.

만일 그때 당신이 어떻게 하면 간단하게 공포를—청중 앞에서 마치 마비된 것처럼 무력하게 되는 그 공포를 극복할 수 있는지 알려 주었다면, 이 5년 동안을 무의미하게 보내지는 않았을 것입니다.

이 말은 테이블이나 식탁을 사이에 두고 나에게 한 것이 아니다. 뉴욕 시에서 내 모든 강의를 끝내고 그 졸업식장에서 2백

명이나 되는 청중을 향하여 연설한 내용이다.

그가 이야기를 하는 동안 나는 그의 침착하고도 자신감 있는 모습에 강한 인상을 받았다. 훌륭한 표현력과 자신감에 의해서, 경영자로서의 능력을 갖춘 또 한 사람의 인물이 태어났다고 생각했다.

나는 교사로서 연단 공포증을 완전히 극복한 그가 대단히 자랑스러웠고, 5년이나 10년 전에 공포를 이겨냈다면 그는 좀더 완전하고 행복한 인간이 되어 있었을 것이라고 거듭 생각하였다.

에머슨 씨는 이렇게 말했다.

"공포는 이 세상의 어느 것 못지않게 많은 사람들을 좌절시키고 있다."

나는 이 말의 의미를 누구보다도 진지하고 깊게 생각해 왔다.

1921년 내가 강의를 처음 시작할 때는, 이 훈련이 공포와 열등감을 제거하기 위해서 고안된 여러 방법 중 가장 좋은 것이라고는 생각조차 못했다.

그러나 곧 사람들 앞에서 이야기하는 것을 배우는 것은 자의식을 극복하고, 용기와 자신감을 쌓아올리는 자연의 법칙이라는 것을 깨달았다. 왜냐 하면 사람들 앞에서 이야기하는 것은, 우리들을 공포와 맞부딪치게 하기 때문이다.

내가 사람들 앞에서 이야기하는 것을 가르치는 동안, 겨우 몇 주간의 연습으로 연단 공포증을 극복하고 자신감을 기르는 몇 가지 방법을 발견했다.

연단 공포증에 대하여 알아둘 사항

① 여러 사람들 앞에서 이야기하는 것이 두려운 것은 당신뿐
　만이 아니다.

각 대학의 조사에 의하면, 화술을 배운 학생들도 80~90퍼센
트는 연단 공포증에 시달리고 있다. 나의 강의를 듣는 성인 수
강생들은 거의 전부 이러한 공포증에 시달리는 사람들이다.

② 어느 정도의 연단 공포증은 자연스러운 것이다.

우리들은 낯설고 어려운 상황에 직면하게 되면 생리적으로
대응할 준비를 하게 된다. 그러므로 심장의 고동이 빨라지고 숨
이 막히는 것 같은 공포를 느꼈다고 해서 너무 염려할 것은 없
다. 언제나 외부의 자극에 대해서 민감한 당신의 몸이 활동을
개시할 준비를 갖추고 있는 것뿐이다.

이러한 생리적인 준비에 당신의 자신감만 갖추어지면 그러한
환경에 쫓기기보다는 신속하게 머리를 써서 거침없이 이야기를
하게 되고, 또 시간이 지남에 따라 더욱 열렬하게 이야기할 수
가 있다.

③ 연설이나 강연 전문가들도 연단 공포증이 완전히 없는 것
　은 아니라고 고백한다.

연단 공포증은 전문가라도 반드시 경험하는 것으로, 이야기를 시작하고도 사라지지 않고 남아 있는 경우도 있다. 비록 전문가라 할지라도 자만하지 않는 보통의 겸손한 사람이라면 누구든지 당연히 느끼게 되는 것이다.

④ 연설을 두려워하는 가장 중요한 이유는 단지 사람들 앞에서 이야기하는 습관이 몸에 배어 있지 않기 때문이다.

《정신의 형성The Mind in the Making》이라는 저서에서 로빈슨 교수는 '공포는 무지와 불안의 사생아다'라고 서술했다. 많은 사람들에게 있어서 연설한다는 것은 생소한 경험이므로 불안과 공포를 느끼게 된다. 자동차 운전을 배우려는 사람이나 테니스 초보자들은 아무것도 모르는 미지의 조건을 받아들여야 한다.

이러한 불안과 공포를 극복하는 방법은 연습에 연습을 계속하는 방법밖에 없다. 몇 천 명, 몇 만 명의 선배가 이제까지 경험해 온 것처럼, 실제로 사람들 앞에서 이야기하는 연습을 계속함으로써만 고통을 즐거움으로 변화시킬 수 있음을 당신도 알게 될 것이다.

저명한 강연가이며, 심리학자로 유명한 알버트 에드워드 위캄 씨가 공포를 극복한 방법을 서술한 책은 읽을 때마다 나에게 감동적인 교훈을 주었다.

그는 고교 시절에, 일어서서 5분간의 암기를 하지 못했던 고통스런 기억을 고백했다.

그는 이렇게 말한다.

그날의 기억으로 나는 수심에 잠겼습니다. 그 시련을 생각하면 얼굴이 달아올라, 차가운 돌담벽에 얼굴을 대고 충혈된 얼굴을 식혀야 했습니다. 이 같은 병적인 현상은 대학에 들어가서도 고쳐지지 않았습니다.

언젠가 나는 '아담도 제퍼슨도 이미 이 세상에 없다'라는 문구로 시작하는 낭독문을 열심히 암기했습니다. 그런데 청중 앞에 서는 순간 얼떨떨하여 내가 어디에 있는지도 알지 못하게 되고 말았습니다.

그래도 어떻게든 처음 한 구절을 외운다는 것이, "아담도 제퍼슨도 죽고 말았다." 하고 잘못 말했습니다. 그러고는 그 다음 말이 생각나지 않아서 하는 수 없이 목례를 하고 무거운 발걸음으로 자리로 돌아오고 말았습니다. 모두가 와! 하고 웃는 소리가 들렸습니다. 드디어 교장 선생님이 일어나서 말씀하셨습니다.

"에드워드 군, 슬픈 뉴스를 전해 주어 충격적일세. 그러나 우리는 최선을 다해서 이것을 인내하고 이겨내야 하지 않겠는가."

그 말에 이어 터져나온 폭소 속에서 나는 죽어 버리는 것이 낫겠다고 생각했습니다. 그로부터 나는 우울한 나날을 보냈습니다. 그러한 내가 연설가가 되리라는 것은 꿈에도 생각지 않았던 결과였습니다.

대학 졸업 1년 후, 알버트 위캄은 별로 하는 일이 없었다. 그런데 1869년의 정치 싸움은 그에게 큰 변화를 가져다 주었다.

당시 은銀의 자유 주조법에 대한 논쟁은 최고조에 달하고 있었다. 은의 자유 주조법 지지파의 제안을 설명한 팜플렛을 읽은 위캄 씨는 브라이언과 그의 추종자들의 과오와 공약에 격분하였고, 마침내 시계를 전당포에 맡겨서 여비를 만들어 고향인 인디애나 주로 돌아갔다. 그리고 그는 건전한 화폐에 대해 연설하고 싶다고 나섰다. 학교 때의 친구들도 청중들 속에 있었다. 당시 상황을 그는 다음과 같이 회상하였다.

이야기를 시작하자, 대학에서 아담과 제퍼슨의 연설을 했을 때의 환상이 눈앞에 떠올랐습니다. 나는 목이 막히고 말을 더듬고 무엇인가를 잊어버린 것 같았습니다. 그러나 곧 어려움을 극복할 수 있었으며, 거기에 용기를 얻어서 그로부터 5분 정도를 꿈 속에서 이야기한 것 같은 기분이었습니다. 그런데 놀랍게도 나는 한 시간 이상을 이야기했던 것입니다.

이것이 계기가 되어, 그 후 나는 직업적인 연설가가 되고 말았습니다. 그러한 변화에 누구보다도 놀란 것은 나 자신이었습니다. 윌리엄 제임스 씨가, "성공하는 것에 익숙해져라"라고 한 말의 의미를 나는 체험으로 깨달았습니다.

알버트 에드워드 위캄 씨는 많은 사람들 앞에서 이야기할 때의 공포를 극복하는 확실한 방법은 경험을 쌓는 것뿐이라는 사실을 배운 것이다.

어느 정도의 공포는 사람들 앞에서 이야기하고 싶다는 욕구에서 자연적으로 생기는 것임을 깨닫고, 연단 공포증을 역으로 이용하면 훌륭한 성공을 거둘 수가 있을 것이다.

가령 그것이 머리 회전을 방해하고 유연성을 잃어버리게 하며, 얼굴이나 근육을 긴장시켜서 좌절시킨다 해도 절망해서는 안 된다. 그러한 증상은 초보자에게는 당연한 것이기 때문이다.

꾸준히 노력을 해나가면 공포의 정도가 차차 줄어들고, 장해를 극복하는 데 오히려 역이용할 수 있다는 것을 터득하게 된다.

적절한 준비를 갖춰라

몇 년 전, 뉴욕 로터리 클럽의 모임에서 정부의 저명한 고관이 연설자로 지명되었다. 우리들은 그가 관할하는 일에 대해서 이야기해 줄 것을 기대하고 있었다.

그가 갑작스레 연설을 의뢰받았으리라는 것은 얼핏 한눈으로 보아도 알 수 있었다. 처음에 그는 생각하는 대로 이것저것 이야기를 진행해 나가려고 했다. 그 시도가 실패하자, 이번에는 주머니에서 몇 장의 메모를 꺼내들었다. 그러나 그것은 화차에

잔뜩 실은 짐짝처럼 정리가 잘 되지 않은 것 같았다.

그는 오랫동안 그 메모지를 열심히 들여다보고 말했으나, 시간이 흐름에 따라 차차 혼란해지고 방향을 잃었다. 마침내 그는 말을 더듬거리고 숨을 죽이기도 하고 물이 든 컵을 떨리는 손으로 들고 왔다갔다하기도 하고, 메모에서 이야기를 찾아내려고 뒤적거렸다.

그때의 비참함이란, 아무런 준비도 없는 상태에서 철저하게 공포 속에 빠진 인간의 견본이었다. 결국 그는 자리에 돌아와 앉았지만, 고개도 들지 못했다. 그의 연설 방법은 마치 루소가 말한 '연문戀文을 쓰는 방법'과 같았다. 무엇부터 해야 하는지도 모른 채 이야기를 시작하고, 무엇을 이야기했는지도 모르고 끝을 맺고 만 것이다.

나는 직업상 매년 5천 건에 달하는 연설을 평가하고 수집하여 왔다. 그 경험에서 하나의 귀중한 교훈을 얻었다. 그것은 '용의주도한 자만이 자신감을 가질 자격이 있다'는 것이다. 불완전한 무장으로, 또한 탄약을 갖지 않고 전쟁터에 나간다면 과연 공포를 누가 떨쳐 버릴 수 있겠는가?

링컨도 말하였다.

"탁월한 능력의 소유자도 사전의 준비 없이는 혼란을 불러일으켜 부정확하게 이야기하기 마련이다."

자신감을 기르기 원한다면, 그만큼 원칙에 따라 노력을 해야 한다.

"진정한 사람은 공포를 물리친다."

라고 사도 요한은 기록하고 있다.

완전한 준비에 있어서도 마찬가지이다. 다니엘 웹스터는 불완전한 준비를 갖추고 청중 앞에 나서는 것은 반나체로 사람들 앞에 서는 것과 같다고 말했다.

– 이야기를 암기하지 마라

지금 나는 '완전한 준비'라고 했지만, 그렇다고 이야기를 암기하라는 것은 아니다.

청중 앞에서의 실수로부터 자신을 지키기 위해 많은 연설자들은 암기라는 함정에 스스로 빠지고 만다. 이러한 정신적인 악습에 빠지게 되면, 시간만 낭비하게 될 뿐만 아니라 역효과를 초래하게 된다.

미국의 뉴스 해설의 원로인 H. V. 칼덴본은 하버드 대학 재학 시절 웅변 대회에 참가한 적이 있었다. 그는 〈제군, 국왕 폐하의 성공입니다〉라는 제목의 단편 소설을 그대로 이야기하기로 되어 있었다. 그는 그것을 한 마디 한 마디 암기하고 몇 백 번이나 되풀이해 연습했다.

드디어 대회날이 되었다. 그는 "제군, 국왕 폐하의 성공입니다" 하고 제목을 말했다. 그런데 그 말을 끝낸 순간 머릿속이 텅 비고 말았다. 아예 눈앞이 캄캄해졌다. 그는 당황했다. 그러자 필사적으로 암기한 문구를 떠나서 자기 생각대로 이야기를 만들어 냈다.

대회에서 그에게 일등상을 수여했을 때, 제일 놀란 것은 상을 받은 본인이었다. 그날부터 지금에 이르기까지 H. V. 칼텐본은 원고를 읽어 보지도 않을뿐더러 절대 암기하지 않았다. 그것이 방송계에서 그가 성공한 비결이었다. 그는 약간의 메모를 작성할 뿐, 원고 없이 청취자에게 자연스럽게 이야기한다.

이야기의 내용을 잘 적어서 암기하는 것은 시간과 정력을 낭비할 뿐 아니라 비참한 실패를 초래한다. 평상시 우리는 무의식중에 이야기를 하고 있다. 한 마디 한 마디 생각해서 하지는 않는다. 머리에 떠오르는 것이 곧 주제인 것이다. 주제가 명료하다면, 말은 우리가 호흡하는 공기와 같이 자연적으로 나온다.

처칠도 역시 이 교훈을 배우기까지 쓰라린 경험을 하였다. 젊었을 때, 처칠은 연설 원고를 만들어 암기했다.

그런데 어느 날, 영국 의회의 단상에서 연설을 하는 도중에 갑자기 암기했던 문구가 기억나지 않았다. 아무것도 생각해 낼 수가 없게 되고 만 것이다.

그는 당황한 채 한참 동안 서 있었다. 연설했던 내용을 한 번 반복해 보았지만 역시 생각은 떠오르지 않고 얼굴은 달아오르고……. 결국 연설을 계속하지 못하고 자리에 돌아와 앉고 말았다.

그때부터 처칠은 절대로 연설을 암기하지 않는다.

연설을 잊어버리지 않았다고 해도 그 이야기는 결국 기계적인 것이 되고 마는 것이다. 왜 그럴까? 그것은 마음으로부터 나오는 것이 아니고 기억에서 나오는 것이기 때문이다.

대화를 할 때 우리들은 얘기하고 싶은 내용만을 생각할 뿐, 하나 하나의 말에는 신경 쓰지 않는다. 우리들은 태어나면서부터 그렇게 해 왔다. 그런데 지금은 왜 그것을 변화시키려 하는가? 내용을 적어서 암기하면 반스 부슈넬과 같은 경험을 하게 될 것이다.

반스는 파리의 미술학교를 졸업하고, 그 후에 이퀴더블 생명보험 회사의 부사장이 되었다.

몇 해 전에 그는 버지니아 주 화이트 살파 스프링스에서 열린 모임에서, 미국 전역에서 모인 2천여 명의 사원 대표에게 연설을 해 달라는 요청을 받았다.

당시 그는 생명보험업계에 적을 둔 지 불과 2년 남짓 되었던 때였는데, 그 수완이 높이 인정되어 20분간의 연설을 요청받게 된 것이다.

반스는 즐겁게 수락했다. 자기의 가치를 높일 절호의 기회라고 생각하였다. 그러나 불행하게도 그는 연설의 원고를 작성하여 그것을 모두 암기해 버렸다. 그리고 거울 앞에서 40회 이상이나 외워 보았다. 어조·제스처·표정도 세심하게 관찰했다. 이 정도라면 아주 완전하다고 그는 생각했다.

그러나 막상 연설을 하고자 일어섰을 때, 그는 공포에 휩싸이고 말았다.

"이 집회에서 나의 역할은……."

하고 말한 다음은 아무것도 생각이 나지 않았다. 그는 당황하여 두 걸음 물러나서 처음부터 다시 시작하리라 생각했다. 그러나 또 실패했다.

다시 한 번 두 걸음 물러나서 시작해 보았다. 같은 짓을 세 번 반복했다. 연단은 1미터가 넘는 높이였는데 뒤에는 받침대가 없었다. 그리고 연단의 뒤쪽과 벽 사이는 1미터 50센티미터가 벌어져 있었다.

이것을 모르는 반스는 네 번째로 두 걸음 뒤로 물러서는 순간, 연단에서 떨어지고 말았다. 청중은 폭소를 터뜨렸다. 어떤 사람은 너무 웃다가 통로에 굴러 떨어지기도 했다.

이퀴더블 생명보험 회사가 설립된 이래, 그렇게 괴짜로 청중을 웃긴 이는 단 한 사람도 없었다. 다행히도 청중은 그것을 일부러 연출한 연기라고 생각하였다. 이퀴더블의 고참 사원들은 지금도 그가 연출해 보인 쇼에 대해 수군대고 있다.

그런데 당사자인 반스 부슈넬은 어떠했을까? 그는 나에게 그의 생애를 통틀어 그때처럼 창피한 적은 없다고 고백하였다. 어떻게나 부끄러웠던지 사직서를 낼 정도였다.

반스 부슈넬의 상사는 사직서를 철회하라고 그를 설득시켰다. 덕분에 그는 자신감을 되찾았고, 후에 사내에서 가장 말 잘하는 간부가 되었다. 그리고 그는 연설할 때 두 번 다시 암기는 하지 않았다. 당신도 그의 경험을 교훈으로 삼는 것이 어떻겠는가?

나는 이제까지 수많은 사람이 암기해서 연설하는 것을 들었지만, 그런 것은 하나도 기억에 남아 있지 않다. 만일 암기를 하지 않았을 경우에는 요점 몇 가지를 익힐 수도 있었을 것이다. 또 이야기가 일관성이 없을지라도, 적어도 이야기를 하는 것이 인간임을 느끼게 했을 것이다.

링컨은 이렇게 말했다.

"나는 틀에 박힌 설교는 듣고 싶지 않다. 기왕 들을 바엔, 벌들이 싸우는 것 같은 정열적인 연사의 이야기를 듣고 싶다."

링컨은 연설자가 침을 튀기며 흥분해서 이야기하는 것을 듣고 싶다고 했다. 문장을 암기한 것을 생각해 내서 연설하는 사람은 아무래도 벌의 무리들이 싸우는 것 같은 활기 찬 인상을 줄 수는 없을 것이다.

– 미리 생각한 것을 찾아 정돈해 두라

그렇다면 연설을 준비하는 적절한 방법은 어떠한 것일까? 대답은 지극히 간단하다.

인생에 있어서 무엇인가 의미 있는 경험을 과거에서 찾아내,

경험에서 얻어진 당신의 생각과 신념을 찾으라.

당신이 이야기하려는 화제에 대해서 침착하게 생각하는 것이 준비 작업이다. 찰스 레이놀즈 브라운 박사는 몇 해 전 예일 대학에서 열린 특별 강연에서 이렇게 말하였다.

"당신이 화제에 대해서 충분히 숙달되고 자연스럽게 될 때까지 침착하게 생각하십시오. 그리고 그 생각을 대강 적어두십시오. 생각을 정리하는 것이 목적이므로 아주 간단한 몇 마디라도 좋습니다. 메모를 해 두면, 문제를 정리할 때 갈피를 잡을 수 없는 단편적인 생각을 정돈하고 틀을 세우는데 용이하게 될 것입니다."

이것이 무엇보다 어려운 작업이다. 이때 필요한 것은 연설문에 대한 정신 집중과 그것을 생각하는 방법뿐이다.

– 친구를 상대로 계속 연습하라

어느 정도 이야기의 틀을 잡았다면, 다음에는 그 내용을 친구나 동료들과의 일상적인 대화에 포함시킨다.

다시 말하면 점심 식사를 함께 하면서 프로 야구를 화제로 하는 동시에 그 이야기를 꺼내 보는 것이 좋다.

"나는 아주 기묘한 경험을 한 적이 있어요. 좀 들어 보지 않겠어요."

당신의 동료는 아주 기뻐하며 이야기를 들어 줄 것이다. 그때

동료의 반응을 잘 관찰해야 하며 그의 응답을 주의해서 듣는다. 동료가 귀중하고 흥미 있는 생각을 갖고 있는지도 모르기 때문이다. 그는 당신이 연설 연습을 하고 있다고는 꿈에도 생각지 못할 것이며, 또 그런 것은 문제도 되지 않는다. 그러나 그는 당신과 이야기한 것을 유쾌하게 생각할 것이다.

유명한 역사가인 아란 네빈스도 똑같은 충고를 작가들에게 하고 있다.

"그대가 쓰고자 하는 주제에 관심을 가져주는 친구를 찾아가 그대가 이제까지 연구해 온 것을 이야기해 주어라. 그럼으로써 그대가 미처 발견하지 못했던 일들과 소홀히 다루었던 문제에 대해 좀더 적당한 형식을 찾을 수 있다."

반드시 성공을 확신하라

제1장에서는 대중 앞에서 이야기하는 방법의 훈련과 올바른 태도를 기르는 데 관해 서술한 것을 기억하고 있을 것이다.

그와 같은 내용이 당신에게 특수한 과제로 남아 있다. 그 과제는 말할 기회가 있으면 그것을 놓치지 말고 성공의 경험으로 만들라는 것이다.

이것을 달성하는 세 가지 방법이 있다.

- 주제에 자기를 투입하라

이야기의 주제를 선정해서 그것을 계획에 따라 정리하고, 친구를 상대로 연습을 했다고 해서 모든 준비가 끝난 것은 아니다.

당신은 주제의 중요성을 당신 자신에게 납득시키지 않으면 안 된다. 어떻게 하면 당신의 이야기 안에서 신념의 뜨거운 불길을 나타낼 수가 있을까? 그러기 위해서는 이야기의 모든 부분을 신중히 검토하고, 어떻게 하면 청중이 당신의 이야기를 들음으로써 향상될 수 있는가를 깨달아야 한다.

- 자신을 약하게 하는 부정적인 상상을 하지 마라

예를 들면 이야기하는 도중 문법상의 잘못을 범하게 될 경우라든가, 이야기 도중에 갑자기 진행하지 못하게 되는 경우를 상상하는 것은 이야기를 꺼내기도 전에 자신을 약하게 하는 부정적인 상상이다.

이야기할 차례가 올 때까지 자의식에서 벗어나는 것은 무엇보다 마음가짐에 달려 있다. 다른 연설자의 이야기에 귀를 기울이고 거기에 주의력을 집중시켜 처음부터 지나친 연단 공포증을 일으키는 폐단은 면할 수가 있다.

- 용기를 가져라

누구나 자기가 이야기하고자 하는 주제에 대하여 의문을 품

어본 경험이 있을 것이다.

주제가 과연 자기에게 적당한 것인가, 청중이 흥미를 가져줄 것인가를 자문할 것이다. 그렇게 되면 문득 화제를 바꿔 보고 싶은 유혹이 생긴다. 이같은 소극적인 생각 때문에 완전히 자신감을 잃어버리고 말았을 때는 자기 스스로 말을 해서 용기를 얻어야 한다.

그 이야기는 당신 자신의 경험과 가치관에서 나온 것이므로 당신에게 꼭 적절하다는 것을 스스로 설득시켜야 한다.

청중을 향하여 그 이야기를 할 수 있는 자격은 오직 나밖에 없다. 그러므로 반드시 최선을 다해서 훌륭하게 끝내겠다는 신념을 스스로 자신에게 거듭 들려주는 것이다.

이것이 구태의연한 방법이라고 생각할지도 모른다. 그러나 현대의 실험 심리학자들도 자기 암시에서 일어난 동기가 가장 강력한 자극제의 하나임을 인정하고 있다. 더구나 그것이 진실한 격려 연설이라면 그 효과는 실로 대단한 것이다.

자신감을 가지고 행동하라

미국이 낳은 가장 저명한 심리학자인 윌리엄 제임스 교수는 다음과 같이 기록하고 있다.

행동은 감정에서 오는 것같이 보인다. 그러나 실제로는 행동과 감정은 평행하는 것이다. 감정은 행동처럼 직접적으로 의지의 지배를 받지 않으나, 우리들은 행동하는 데 있어서 감정을 간접적으로 규제할 수가 있다. 그렇기 때문에 자연적인 양기陽氣를 잃었을 경우, 쾌활함을 되찾는 최선의 길은 용기를 불러일으켜서 쾌활하게 이야기하는 것이다. 그래도 쾌활해지지 않으면 그 외에 다른 방법이 없다. 그리고 용기 있는 자라고 느끼기 위해서는 용기 있는 사람답게 행동하는 것이 좋다. 그러기 위해서 의지와 힘을 있는 대로 전부 나타내는 것이다. 그렇게 하면 용기 있는 사람다운 정열이 변화를 가져다 줄 것이다.

제임스 교수의 충고를 응용하라. 청중 앞에 설 때의 용기를 기르기 위해서는, 우선 그 용기를 갖추고 있는 것처럼 행동하라. 물론 충분한 준비가 전제되어야 하지만.

지금부터 자기가 무엇을 이야기하려는지를 분명히 마음 속에 가지고 있을 경우에는 용기 있게 앞으로 걸어나가서 크게 심호흡을 하라.

실제로 청중 앞에 나서기 직전에 30초간 심호흡을 해 보라. 산소를 많이 마시면 그만큼 당신에게는 용기가 북돋워질 것이다.

유명한 테너 가수인 장 드 레케는,

"힘껏 들이마신 숨결 위에 앉아 있을 정도로 숨을 마신다면 불안은 사라진다."

라고 입버릇처럼 말하고 있다.

똑바로 서서 청중을 바라보며 그들 한 사람 한 사람에게 돈을 꾸어준 듯이 자신감 있게 이야기하는 것이다. 사람들이 모인 것은 빚의 반환을 연기해 달라고 애원하기 위함이라고 상상해 보라. 그 심리적인 효과는 당신에게 유리한 작용을 할 것이다.

이 방법이 의심스럽다면 이 책을 읽기 전에 당신보다 먼저 시작해서 경험을 쌓은 선배 수강생과 이야기를 나누어 보라. 그러면 당신은 즉시 생각을 바꾸게 될 것이다. 끝까지 의심이 간다면, 용기의 상징이라고 해도 과언이 아닌 한 미국인의 말을 들어보라.

원래 그는 세상에서 보기 드문 겁쟁이었으나, 자신감을 갖는 훈련을 통해서 놀랍도록 대담한 사람이 되었다.

그가 바로 청중의 마음을 사로잡아 유감 없이 정치력을 발휘한 전 미국 대통령 루스벨트이다.

그는 자서전에서 다음과 같이 고백하고 있다.

나는 어린 시절에 병약하고 쓸모 없는 소년이었으며, 성인이 되어서도 신경질적이고 자신의 능력에 대해서는 회의적이었다. 육체적·정신적으로 피나는 노력을 하여 나를 단련시키지 않으면 안 되었다.

루스벨트가 어떻게 자기 개조를 쉽게 할 수 있었는가 살펴보자.

소년 시절에 나는 마리야드의 작품에서 깊은 감명을 받았다. 그것은 영국 군함의 함장이, 그 작품의 주인공에게 두려움을 모르는 사나이가 되는 길을 가르치는 내용이었다. 전투에 임할 때 처음엔 누구나 공포에 사로잡힌다. 그럴 때 어떻게 하면 되는가? 그 방법은 '전혀 무서워하지 않는 척하는 것이다'라고 그 함장은 설명했다.

무섭지 않은 척하고 있으면 정말로 그렇게 된다. 그래서 '사람은 불안으로 견딜 수 없을 때 무섭지 않은 것처럼 가장하는 것을 연습하면, 실제로 그렇게 되는 것이다.'라고 했다. 이것이 나의 주장이었다.

실제로 그는 회색 곰이나 난폭한 말, 심지어는 권총놀이에도 공포를 느꼈으나, 무섭지 않다는 마음을 취함으로써 마침내 실제로 무섭지 않게 되었다. 그런 마음을 갖는다면 누구라도 대개 나와 같은 경험을 할 것이다.

대중 앞에 섰을 때의 공포를 극복하기 위해서도 이 방법을 적용할 수 있다. 이 도전을 참고 견디는 사람은 그것만으로도 전보다 성장할 수 있으며 보다 풍부하고 충실한 인생에의 길로 나아감을 알 것이다.

어느 세일즈맨은 다음과 같이 말했다.

"동료 앞에서 이야기를 한 다음부터 나는 어떤 상대라도 대할 수 있는 기분이 들었습니다. 그러던 어느 날 아침 나는 다루기 힘든 중매인을 찾아갔습니다. 그리고 나는 상대편에서 '안된다'는 말이 나오기 전에 샘플을 책상 위에 펴놓고 이야기를 한 결과 지금까지 받아본 적이 없는 많은 주문을 받을 수 있었습니다."

다음은 수강생인 가정 주부가 이야기한 것이다.

"나는 이웃사람에게 말을 해야 될 경우의 두려움 때문에 가까운 사람을 집으로 초대할 마음이 선뜻 들지 않았습니다. 그런데 강의를 받고 교실에서 이야기를 한 후 나는 마음을 굳게 다지고 처음으로 파티를 열었습니다. 파티는 대성공이었습니다. 손님들에게 흥미 있는 화제를 꽃피게 하고 지루하지 않게 만드는 것은 그다지 어려운 것이 아니었습니다."

졸업반 수강생인 어느 상점의 점원은 또 이렇게 말했다.

"나는 손님들이 두려워서, 물건을 사러 오는 손님에게 언제나 압박감을 느끼며 맞아들이고 있었습니다. 그러나 이 학급에서 몇 번인가 이야기를 한 후에 나는 이제까지 없었던 자신감과 안정된 기분으로 이야기를 했으며, 권위를 가지고 접대할 수 있다는 것을 알 수 있었습니다. 이 학급에서 이야기를 시작한 후 처음 한 달 동안에 매상이 45퍼센트나 상승하였습니다."

이와 같이 콤플렉스를 극복함으로써 자신의 일을 성공적으로 이끌어 갈 수 있다. 물론 당신도 할 수 있다.

당신은 무엇이든지 해낼 수 있다는 새로운 자신감을 익히면, 인생에 대한 여러 가지 문제나 어려운 일에 직면했을 때도 충분히 감당할 수 있을 것이다. 이제까지 해결하지 못한 여러 가지 상황에 맞선다 해도, 생활의 즐거움이 증가되는 길만은 밝게 보일 것이다

03
효과적인 화술 습득법
Public speaking Influencing Men in Buiness

나는 TV를 거의 안 보는데, 최근 친구에게서 어느 프로를 보라는 권유를 받았다. 그것은 가정 주부들을 위한 쇼였는데, 시청률이 높고 방청객이 직접 참가하는 부분이 있어 나에게 도움이 될 것이라 말하였다.

나는 방청객들에게 아주 능숙하게 말하는 사회자의 말솜씨에 매력을 느껴 몇 번인가 그 프로를 보았다.

사회자의 말솜씨는 점점 나를 사로잡았다. 그러나 방청객들 대부분이 의사 소통의 기술을 훈련받지 않은 사람들이었고, 그 중에는 문법에 서투른 사람, 발음이 틀리는 사람도 있었다.

그러나 그들의 어색한 태도에도 불구하고 이 프로는 시청자들의 주의를 끌었다.

왜일까? 이 프로에서 사용하는 방법은 나 자신이 오랫동안 응용하여 왔었기 때문에 나는 그 답을 알고 있다. 그 방청객들은 단순하고 평범한 남녀였으나, 전국 시청자들의 주의를 끌 수 있었던 것은 그들이 자기의 일에 대해서 이야기하기 때문이다.

가장 기분 나빴던 일, 가장 즐거웠던 일, 심지어는 부부 사이의 가정 불화 등 주변 일들을 솔직히 이야기했다. 그들은 전체의 줄거리라든가 결론 같은 것은 고려하지 않고 있었다. 용어나 구문 같은 것도 전혀 신경 쓰지 않았다.

이것은 여러 사람들 앞에서 이야기하지 못하고 쩔쩔매는 것을 빠르고 용이하게 극복하기 위한 세 가지 원칙 중의 하나를 증명하는 것이다.

경험이나 배움을 통해서 얻은 것부터 이야기할 것

그 TV 프로를 흥미 있게 만든 사람들은 각자의 개인적 체험을 토대로 이야기하였다. 자기가 가장 잘 알고 있는 것을 이야기하고 있었던 것이다. 만일 그 사람들에게 공산주의를 정의해 보라든가, 국제연합 기구를 설명하라고 했다면, 그 프로는 얼마나 따분한 것이 되었을까.

그럼에도 불구하고 많은 사람들이 이러한 잘못을 반복하고 있다. 사람들은 전혀 모르거나 아니면 사소한 지식밖에 없고, 전혀 관심을 가져보지도 못했던 주제에 대해서 이야기할 때 강박 관념에 사로잡히게 된다.

애국심·민주주의·정의 등의 주제로 연설해야 하는 연사는 그것에 관한 책을 오랜 시간 탐독해야 하고, 그 동안의 지식을 겨우 더듬어 원고를 작성하여 이야기할 것이다. 그러나 그것이 과연 듣는 이들에게 얼마나 효과를 줄 수 있을까?

몇 년 전에 시카고의 콘래트 힐튼 호텔에서 나의 강의를 도와주는 강사들의 모임이 열렸을 때, 한 학생이 이렇게 이야기를 시작했다.

"자유·평등·동포애, 이것은 우리에게 가장 소중한 것입니다. 자유가 없다면 인생은 살아갈 가치가 없습니다. 행동의 자유가 제한된다면 어떻게 될 것인지 상상해 보십시오."

그의 이야기는 그것으로 끝났다. 왜냐 하면 강사가 이야기를 중단시켰기 때문이다. 이것은 현명한 조치였다. 그리고 강사는 그 학생에게 어떤 이유로 지금 말한 것을 믿고 있는지 질문했다. 그는 그것을 답변할 증거나 경험이 있는지 질문한 것이다. 그러자 그 학생은 적잖이 당황했다.

잠시 후, 그는 예전부터 자기가 프랑스의 지하운동가였다고 말하고, 나치 지배 아래에서 가족과 함께 받은 박해의 고통에 대해서 이야기를 시작했다.

나치의 비밀경찰로부터 탈출하여 미국으로 망명해 오기까지의 일을 생생하게 이야기해 주었다. 그리고 그는 이렇게 이야기를 끝맺었다.

"오늘 미시간 대로를 지나 여기에 이르렀을 때, 오는 것도 돌아가는 것도 모두 나의 자유였습니다. 경찰관 앞을 지나쳐도 그는 나에게 신경 쓰지 않았습니다. 이 호텔에 들어오는 데도 신분증을 보일 필요도 없고, 이 회의가 끝나서 시카고의 어느 곳에 가건 나의 마음대로입니다. 여러분, 믿어 주십시오. 자유는 싸워서 이길 가치가 있는 것입니다."

그가 청중으로부터 기립 박수를 받은 것은 두말할 필요도 없다.

– 직접 경험한 것을 이야기하라

본인이 직접 경험한 것에 대해서 이야기하는 사람은 결코 듣는 사람의 관심을 빗나가게 하지 않는다.

그런데 나의 경험에 의하면 이야기하는 사람들은 이러한 사실을 받아들이려고 하지 않는다. 대부분의 사람들은 자기의 경험보다는 특수한 것을 주제로 이야기한다.

그러한 사람들은 우리들이 뉴스를 듣고 싶어할 때 사설을 듣고 나오는 사람이다. 물론 사설 쓰는 것을 직업으로 하고 있는 사람들—신문의 편집장이나 발행인이 자신이 직접 쓴 사설을 이야기한다면 충분히 귀를 기울일 것이다.

인생이 당신에게 가르쳐 준 것을 이야기하라. 그렇게 하면 나는 당신의 이야기에 열심히 귀를 기울일 것이다.

에머슨은 아무리 지위가 낮은 사람의 이야기라도 언제나 신중히 귀를 기울였다고 한다. 왜냐 하면 에머슨은 어느 사람에게나 배울 것이 있다고 믿기 때문이었다.

나도 그와 같이 많은 이들의 이야기를 들어 왔다. 그러면서 그 교훈이 메모를 한 것에 지나지 않는다 해도, 인생이 자기에게 무엇을 가르쳤는가를 경험자가 이야기할 때에 지루한 적은 한 번도 없었다고 자신 있게 단언한다.

예를 들어 보자. 몇 년 전, 내 강의를 도와주는 강사 한 사람이 뉴욕 시의 은행 간부들에게 대화술을 지도하였다. 그들은 생애를 통하여 자기 나름의 사상과 신념을 기르며, 독특한 각도에서 모든 것을 바라보면서 독자적인 경험을 쌓아오고 있었다.

말하자면 40년이란 긴 세월 동안 이야기의 재료를 축적해 온 사람들인 것이다. 그런데 그 중에는 그 사실을 자각하지 못하는 사람이 있었다.

어느 금요일, 은행에 근무하고 있는 잭슨은 4시 30분쯤 이번 강의에서 무엇을 이야기할지 생각하며 사무실을 나왔다. 신문팔이에서 《포부스 매거진》을 사들고 강의가 열리고 있는 페드랄 리저브 은행으로 가는 도중, 지하철 안에서 〈성공은 10년 안에 해라〉라는 제목의 기사를 읽었다. 그 기사에 대단한 관심을 가진 것은 아니고, 자기에게 할당된 시간을 메우기 위해서는 무엇인가를 이야기해야만 되었기 때문이다.

1시간 후 잭슨 씨는 일어나서, 그 기사의 내용을 간추려 그럴 듯하게 이야기했다.

결과는 어떻게 되었겠는가?

그 이야기는 마음 속으로부터 우러나오는 말이 아니었다. 잭슨 씨의 태도나 어조는 그것을 분명하게 나타내고 있었다.

본인의 태도가 진실되지 않은데 어떻게 청중을 감동시킬 수 있단 말인가? 그가 이야기를 끝마쳤을 때 강사가 말했다.

"잭슨 씨, 우리들은 그 논문을 쓴 그림자 같은 사람에게는 흥미가 없습니다. 그 사람은 지금 여기에 없습니다. 우리들은 그 사람을 볼 수가 없습니다. 하지만 우리들은 당신의 생각에는 흥미가 있습니다. 다른 사람이 쓴 것이 아니고 당신 자신의 생각을 당신 입으로 이야기해 주십시오.

당신의 이야기를 다음 주에 다시 한 번 들려주시겠습니까? 이 기사를 읽고 필자의 의견에 찬성할 수 있는지 생각해 보는 것입니다. 만일 찬성한다면, 그 이유를 당신 자신의 경험으로 증명해 주십시오. 찬성하지 않는다면, 그 이유를 이야기하세요. 이 기사를 당신 자신의 이야기로 만드십시오."

잭슨 씨는 그 논설문을 읽고 필자의 의견에 전혀 찬성할 수 없다고 결론 지었다. 다음에는 기억을 더듬어서 찬성할 수 없는 이유를 증명하는 실례를 찾았다. 은행의 경영자로서 자기의 자질구레한 경험을 적용해서 그 생각을 발전시켜 갔다.

그 다음 주에 잭슨 씨는 또 찾아와서 자기의 경력을 바탕으로 확신에 찬 이야기를 했다. 정성 들여 고친 잡지의 기사 대신에, 말하자면 자기의 광맥에서 발굴해 낸 광석이나 그 자신의 조폐국에서 만든 금화를 우리들에게 제공해 준 것이다. 어떠한 이야기가 사람들에게 커다란 감동을 안겨주는지는 독자 여러분의 판단에 맡기기로 하겠다.

– 생활 주변에서 화제를 찾아라

언젠가 우리 강사들은 초보자에게 이야기하는 방법을 가르치면서 제일 어려웠던 점을 종이에 적어서 제출할 것을 요청받았다. 그 것을 모아서 정리해 보았더니, 적절한 문제에 대해서 이야기하도록 시키는 것이 그들 모두가 느끼는 가장 어려운 문제였다.

적절한 문제란 대체 어떤 것일까? 당신 자신의 생활에서 경험하고 반성했던 그 땀냄새 나는 절실한 이야기라면 어느 것이든지 적절한 화제가 된다. 몇 년 전, 어떠한 화제가 사람들의 관심을 끄는가 조사해 본 적이 있었다. 그 결과, 청중에게 제일 잘 받아들여지는 화제는 각 개인의 생활 중에서도 지극히 한정된 영역에 관한 것임을 알게 되었다. 그것은 대개 다음과 같은 영역으로 나눌 수 있다.

– 유년 시절과 성장

가정이나 유년 시절과 학창 시절에 관한 화제는 늘 인기가 있다. 왜냐 하면 대부분의 사람들은 다른 사람들이 그들 나름대로의 환경에서 어떠한 장해에 부딪쳤고, 또 그것을 어떻게 극복하였는지 관심을 가지고 있기 때문이다.

가능하다면 당신의 이야기 안에서 유년 시절의 실례나 예증을 인용하라.

– 청년 시절

인간적인 흥미가 풍부한 영역이다.

어떻게 해서 현재의 일이나 직업에 종사했는가? 어떠한 경우가 그대의 경력을 좌우했는가? 경쟁이 심한 사회에서 출세하려고 했을 때, 그대가 부딪쳤던 어려움이나 희망이나 승리에 대해서 이야기하라. 어떠한 사람의 인생에서도 그것이 진실했다면 틀림없이 관심을 끌 화제가 된다.

– 취미와 여가의 활용

이 영역의 화제는 각자의 취미에 따라서 달라질 수 있으므로 그것만으로도 상대편에게 흥미를 줄 수 있다.

진심으로 즐겁게 하는 일이라면 그것에 대해 이야기함으로써 잘 되지 않을 도리가 없다. 당신의 마음이 그 이야기를 듣는 사람들에게 받아들여지면 서로의 공감대를 훌륭히 형성하게 된다.

−특수한 지식의 영역

같은 분야의 일에 긴 세월을 보내면 그 길에 있어서 전문가가 된다. 오랫동안의 경험과 연구에서 얻은 당신의 일이나 직업의 여러 면을 이야기한다면, 그 화제는 듣는 사람들에게 반드시 존경을 받고 주목을 끌 것이다.

− 이상한 체험

위대한 인물과 이야기를 나눈 적이 있는가? 전쟁의 포화 속에 있어 본 일이 있는가? 정신적인 위기를 경험한 적이 있는가? 이러한 경험은 가장 좋은 이야기의 재료가 된다.

− 신념과 신조

아마도 당신은 오늘날의 세계가 직면하고 있는 중대한 문제에 대한 자신의 입장을 생각하고 많은 시간과 노력을 투자해왔을 것이다.

중요한 문제의 연구에 많은 시간을 보냈다면, 당신에게는 그러한 문제를 논할 정당한 자격이 있다. 그 경우에는 반드시 당신의 확신을 증명하는 것을 잊어서는 안 된다. 청중은 일반론적인 이야기는 좋아하지 않는다.

그 문제에 대해서 알고 있는 것이 신문 기사에서 얻을 수 있는 정도라면 그만두는 것이 좋을 것이다. 그와 반대로 오랫동안 당신이 취급하던 문제라면 그것은 의심할 것도 없이 청중들의 주목을 끌 화제이다. 주저할 것 없이 그 화제를 사용하라.

2장에서 지적한 것과 같이 이야기의 준비는 기계적인 말을 종이에 적는다든가, 일련의 문구를 암기하는 것이 아니다. 황급히 책이나 신문 기사를 읽고 그것에 대한 의견을 토론하는 것도 아니다. 준비한다는 것은 마음 속 깊이 파고든 경험에서 근본적인 확신을 찾아내는 것이다.

청중에게 들려주기에는 너무 개인적이고 사소한 것이라고 무시해서는 안 된다. 그러한 이야기일수록 나는 크게 즐거워하고 깊은 감동을 받았다. 직업적인 연설가의 이야기보다 재미있고 감동적이었다.

주제에 대해서 처음부터 마음을 밝혀라

당신이나 내가 이야기할 수 있는 화제라고 해서 반드시 저절로 의욕이 생기는 것은 아니다. 예를 들어 당신이 상대에게 접시닦이에 대해 이야기할 수는 있다.

그러나 이론뿐이고 실제로 접시닦이를 하지 않았다면 자연스럽게 이야기할 수 없을 것이다. 그런데 가정 주부들, 말하자면 가정의 경영자는 아무것도 아닌 이 주제에 관해서 훌륭한 이야기를 한다.

접시닦이라는 단순 노동을 오랫동안 해 오면서 알게 모르게 수단이 생겨 그 방면에는 능숙해진다. 그 결과 접시 닦는 이야기에 대해서는 효과적으로 이야기를 할 수가 있게 된다.

당신이 사람들 앞에서 이야기할 수 있다고 생각하는 화제가 정말 청중들의 인기를 모을 수 있는 적당한 것인가를 판단하는 방법이 있다. 만일에 누군가가 당신의 의견에 적극 반대하는 경우, 당신은 신념과 열의로 자기의 주장을 관철시킬 마음이 있겠는가? 만일 있다면 당신은 올바른 주제를 선정했다고 하겠다.

1926년에 나는 스위스의 제네바에서 열린 제7회 국제연맹 회의를 방청한 일이 있었는데, 그때에 써두었던 메모가 있다. 여기에 그 일부를 소개해 보겠다.

서너 사람이 그저 원고를 읽는 것 같은 생기 없는 연설을 한 후에 캐나다의 조지 포스터 경이 발언했다. 그는 원고나 메모 같은 것은 일체 손에 들고 있지 않았다. 자기가 정말 얘기하고 픈 주제가 있었기 때문에 주저함 없이 훌륭하게 연설을 했다. 마음 속으로 쌓아온 확신을 진정으로 청중에게 호소하려는 것은 불꽃을 보는 것보다 밝았다. 나의 강의에서 항상 제창해 온 원칙이 경의 연설 중에 훌륭하게 표현되고 있었다.

나는 조지 경의 이 연설을 때때로 생각해 본다. 조지 경은 성실했고, 열의에 불타고 있었다. 이성과 감정 모두를 자기의 화제로 선정하였기 때문에 그는 누구보다도 돋보일 수 있었던 것이다.

미국에서 힘있는 설교의 일인자인 홀턴 J. 싱 주교는 일찍이 젊은 시절에 이 교훈을 배웠다. 그는 《인생은 살아갈수록 가치가 있다》라는 저서 중에서 다음과 같이 고백하고 있다.

나는 대학 웅변 대회의 선발 멤버로 뽑혔는데 대회 전날 밤, 웅변부 지도 교수의 집으로 불려가서 충고를 들었습니다.

"자네는 역시 할 수 없는 학생이다. 학교의 역사가 시작된 이래 자네같이 다루기 힘든 웅변부원은 처음이다."

"그럼, 왜 부원으로 선정하셨습니까?"

그러자 교수는 대답했습니다.

"변론의 재주가 있어서가 아니라 자네에겐 생각하는 힘이 있기 때문이다. 그것을 염두에 두고 연습해 보라."

나는 연설문 중의 일부분을 외우고 1시간이나 같은 내용을 반복했습니다. 그러자 교수가 소리 쳤습니다.

"어디가 이상한지 모르겠는가?"

"네."

하고 나는 대답했습니다.

그리고 또 1시간 반, 2시간, 2시간 반……. 마침내 나는 완전히 지치고 말았습니다. 교수는 다시 물었습니다.

"아직도 모르겠나?"

무려 12시간 반 후에야 나는 어느 곳이 잘못되었는지를 알았습니다.

"알았습니다. 나의 이야기에는 진심이 담겨 있지 않았습니다. 진정한 나 자신이 아니었습니다. 마음이 들떠 있었지요."

이 순간에 싱 주교는 평생 잊을 수 없는 교훈을 배운 것이다.

그것은 '이야기 안에 자기를 몰입하라'는 것이다. 그때 교수는 혼잣말처럼 지껄였다고 한다.

"자, 이제 자네는 연설을 할 수 있을 것이다."

어떤 수강생은 이렇게 말한다.

"나는 아무것도 이야기할 것이 없습니다. 왜냐 하면 나의 생활은 단조롭기 때문입니다."

이런 사람들에게는 여가 시간에 무엇을 하는지 질문해 본다. 대개는 영화를 본다, 볼링을 한다, 장미를 재배한다 등의 비슷비슷한 얘기를 하는데, 누군가 성냥갑을 수집한다고 했다.

강사가 이 취미에 대해서 여러 가지 질문을 하는 동안 그는 상당히 열을 띠게 되었다. 즉, 제스처를 사용하며 성냥을 넣어 둔 정리된 상자 이야기를 시작했다.

세계의 모든 나라의 성냥 상표를 가지고 있다는 것을 자랑스럽게 이야기하였다. 자기의 득의에 찬 화제에 그가 열중하는 것을 보고 강사는 그에게 말했다.

"성냥의 상표에 대해서 이야기해 주시겠습니까? 대단히 재미있을 것 같은데요."

그는 성냥 상표 같은 것에 흥미를 가져줄 사람이 있으리라고는 생각도 하지 않았다는 것이다. 즉, 성냥에 관한 얘기가 다른 사람들과 함께 얘기할 수 있는 재미있는 화젯거리라고는 생각해 보지 못했던 것이다.

그날 밤, 그는 진실로 수집가가 설명하듯 열의를 다하여 이야기를 했다. 그 후 그는 성냥 상표 수집에 관해 이야기하는 것으로 어느 정도 사람들에게 인정을 받게 되었다고 말하는 것을 들은 적이 있다.

그러면 사람들 앞에서 이야기하는 것을 빨리 용이하게 배우고 싶은 사람들을 위하여 계속 이어가겠다.

청중을 중심으로 이야기하라

언제든지 이야기하는 데에는 말하는 사람, 이야기의 내용, 그리고 듣는 사람, 이렇게 세 가지 요소가 있다. 이 장에서 처음 등장한 두 가지 요소는 말하는 사람과 이야기의 상호 관계를 다룬 것이다.

그러나 완전한 성공을 성취하려면 남은 한 가지 요소가 첨가되어야 한다.

말하는 사람은 늘 듣는 사람을 의식하고, 자기만의 화제에 흥분할 것이 아니라 그 흥분을 전달하려는 열의가 필요하다.

예로부터 유명한 웅변가는 이 세 가지 요소를 몸에 지니고 있었다.

웅변가는 듣는 사람들이 자기와 똑같이 느끼고 자기의 의견에 동의할 때 기쁨을 느끼며, 다시금 그 기쁨을 느껴보고 싶어한다. 그것은 듣는 사람의 머리와 마음 속에서 결정된다.

나는 저축 운동 기간 중 미국 은행협회의 뉴욕 시 지부에 속해 있는 많은 사람들에게 이야기하는 방법을 가르쳤다.

그 중 한 사람은 혼자 이야기할 뿐 듣는 사람에겐 절대로 내용을 전하지 못했다. 그는 자기가 얘기하는 주제의 중요성, 즉 청중에게 그것이 얼마나 필요한 것인지를 깨닫지 못하고 있었다.

그래서 그에게,

'뉴욕의 유언 검인 재판소의 기록에 의하면, 죽은 사람의 85퍼센트는 임종할 때에 아무것도 남기지 않으며, 만 달러 이상의 유산을 남기는 사람은 불과 3.3퍼센트에 지나지 않는다는 것을 기억해 두십시오.'

라고 말했다. 그리고 자기 자신에게 이렇게 말하라고 했다.

"나는 이 사람들의 노후 안정을 위해, 또 사후에 처자에게 안정된 생활을 누리게 하기 위해서 준비를 시키고 있는 것이다."

그는 위대한 사회 봉사를 하고 있다는 것을 마음 속에 명기해 둘 필요가 있었다.

그는 이것을 실행했다. 그리고 그것을 마음 속 깊이 간직했다. 정말로 자기는 훌륭한 일을 하는 것이라는 사명감을 갖게 되었다. 그 후의 그의 말에는 확신이 포함되어 있었다. 그리고 청중들에게 저축의 이득을 납득시켰다. 이미 그는 형식적으로 이야기를 하는 사람이 아니고, 사람들을 귀의시키기 위해서 활동하는 전도자였다.

내가 처음 대화술 훈련을 받을 때는 교사들의 타성적인 기교에 의한 방법으로 배웠다. 그들은 이렇게 가르쳤다. 가슴을 편히 쉬고, 손바닥을 뒤집어서 엄지손가락을 넓적다리에 올려놓고, 그리고 천천히 가슴을 펴게 한다. 이것을 계속 반복한다.

이 같은 연기는 굳어진 마음을 누그러지게 할 뿐 아무런 의미가 없는 것이다. 나를 가르쳤던 교사는 이야기의 안에서 나의 개성을 만들어 주려고는 하지 않았다. 청중과 평범한 인간이 되어 이야기하라고는 가르쳐 주지 않았다.

이 기계적인 가르침과 내가 3장에서 논한 세 가지의 기본적인 원칙을 이용한 대화술의 방법과 비교해 보기 바란다.

이제부터는 이 책에서 이 세 가지 원칙은 수없이 나올 것이다. 그 상세한 것은 다음 장에서 논하기로 하겠다.

화자와 청자

2부는 이야기의 3각형에 대한 것이다.
이야기의 3각형이란 이야기 그 자체,
즉 이야기는 우리들의 경험에 의해서
재생되는 것임을 배워야 한다.
둘째는 이야기를 하는 사람이다.
이것은 이야기에 힘을 주는 제스처와
음성의 특질이 논의된다.
셋째는 듣는 사람이다.
그것은 이야기하는 사람의 표적이며,
의사 전달에 있어서 성공과 실패를
최종적으로 결정하는 심판자이다.

Public speaking and Influencing men in business

01

말할 자격을 얻어라
Public speaking Influencing Men in Buiness

오래 전에 어느 대학 교수와 영국 해군으로 젊은 시절을 보낸 사람들이 뉴욕에서 열린 우리 강의에 참석했다. 해군 출신은 변두리에서 소규모의 트럭 운송업을 하고 있었다.

그런데 그의 이야기는 대학 교수의 이야기보다 더 인기를 얻었다. 왜 그럴까?

대학 교수는 아름다운 언어를 사용하였다. 도시인으로 교양도 세련되었다. 이야기하는 것도 언제나 절도가 있고 논리도 명쾌했다. 그러나 한 가지 중요한 것이 빠져 있었다. 그것은 구체성이다.

그 교수는 뜬구름 잡기식으로, 논점을 증명하는 데 있어서 한 번도 자기가 경험하였던 일을 예로 든 적이 없었다. 한 마디로 말해서 그것은 가느다란 논리의 실을 이어 모은 것 같은 추상 개념의 덩어리에 지나지 않았던 것이다.

그러나 이와 반대로 일개 운송업자의 이야기는 명확하고 구체적이며 사실적이었다. 일상 생활을 예로 들어 이야기한 것이다. 화젯거리를 내놓으면 그것을 자신의 경험과 연결시켜 거기서 일어나는 여러 가지 이면을 설명하는 것을 잊지 않았다. 일에 관계되는 사람들이나 법규를 엄수하는 것이 얼마나 어려운 것인지 이야기했다. 그의 이야기에는 활기와 신선함이 넘쳐 있었으며 매우 재미있었다.

이 예를 인용한 것은, 대학 교수와 운송업자를 비교하기 위해서가 아니고, 이야기의 색채를 풍부하고도 다채롭게 한다면 청중의 관심을 끌어모으기는 어렵지 않다는 것을 이야기하고자 함이다.

청중의 관심을 얻기 위한 이야기를 발전시키는 데에는 네 가지가 있다. 이야기할 때 이 네 가지 방법을 따른다면, 청중의 관심을 얻는 일에 관한 한 마치 커다란 배에 탄 것과 같이 완전 무결하게 될 것이다.

주제를 한정시켜라

일단 주제를 선정하면 그 화제를 어디까지 넓혀갈 것인지 한계선을 정하고, 엄격히 그 범위 내에서 멈추어야 한다. 무제한으로 범위를 확대시키는 것은 어리석은 짓이다.

어느 청년이 '기원전 50년의 아테네 전쟁에서 한국 전쟁까지'라는 주제로 2분간 연설을 했던 적이 있었다. 아무런 효과도 없는 시도였다. 이야기를 끝내고 자리에 앉았을 때, 그는 아테네 시의 창립만을 요약해서 끝마쳤을 뿐이었다. 이것은 하나의 주제에 너무 많은 이야기를 하려는 욕심 때문이었다.

이러한 예는 매우 많다. 이와 같은 이유에서 청중의 관심을 모으지 못했던 예를 나는 수없이 보아 왔다.

왜 그럴까? 그 이유는 사람들은 단조로운 사실의 나열에는 주의를 집중시키지 못하기 때문이다. 가령 당신의 이야기가 연감^{年鑑}처럼 들린다면, 지속적으로 청중의 주의를 끌 수는 없을 것이다.

예를 들면 '옐로스톤 국립공원에의 여행'이라는 간단한 화제를 설정했다고 하자. 대부분의 사람은 공원의 풍경을 전부 말하려고 한다. 그렇게 했을 경우, 청중은 이야기하는 사람의 스피드에 말려들 뿐이다.

결국에는 듣는 사람의 마음 속에 폭포와 산과 샘 같은 것이 어렴풋이 남아 있을 뿐이다. 여기에 대해서 이야기하는 사람이 공원의 일면야생 생물이나 온천만을 설명했다면, 시간이 허락되는 대로 옐로스톤 공원의 생생함을 변화 있게 사실적으로 이야기할 여유가 생길 것이며, 듣는 사람의 기억에 오래 남을 것이다.

어떠한 주제에 있어서도 마찬가지이다. 판매술·제과업·면세·

탄도 미사일 등등의 어떠한 이야기라도 시작하기 전에 지정된 시간에 맞도록 한정된 범위로 주제를 좁혀야 할 것이다.

5분 이내의 지정된 시간밖에 없는 경우에 요점은 하나 내지 둘이면 된다. 30분에 해당하는 긴 연설인 경우에도 주제를 네댓 가지 이상으로 한다면 성공 가능성은 희박하게 된다.

예비의 힘을 갖춰라

어떤 사실을 들추어 내는 것보다 표면적인 이야기를 하는 것이 훨씬 간단하다.

그러나 안이한 길을 택했을 때는 청중에게 아무런 감동도 주지 못할 것이다. 주제를 좁힌 후 이해를 깊게 생각할 수 있는 질문을 자기에게 해 보고, 주제의 내용을 밀도 있게 할 실례를 신중히 생각해 보아야 한다.

"나는 왜 이 주제가 옳다고 믿는가? 이 문제가 실생활에서 실증된 것을 본 적이 있는가? 정확히 무엇으로 증명하려고 계획하는가? 그것은 실제 어느 정도로 되어 있는가?"

이러한 질문은 당신에게 예비의 힘, 즉 듣고 있는 사람들의 자세를 바로앉게 하고 확신에 찬 이야기를 할 수 있는 힘을 줄 것이다.

식물학의 천재라고 불리던 루터 페어뱅크는 최상의 식물 표본을 만들기 위해서 백만 개나 되는 표본을 만들었다. 대화술에 있어서도 마찬가지이다. 하나의 주제를 위해 백만 번의 생각을 모아서 거기에서 90개의 생각을 고르라.

"나는 언제나 실제로 인용하는 것의 십 배, 때로는 백 배나 되는 정보를 수집합니다."

라고 존 간서는 고백하고 있다. 베스트셀러 《20세기의 내막》의 저자인 간서는 책을 쓴다든가 이야기를 하기 위한 준비를 다음과 같이 하고 있다.

1956년, 간서는 정신병원에 관한 일련의 기사를 쓰기로 하였다. 그는 정신병원을 두루 견학하며 원장과 간호원, 그리고 환자와 이야기를 나누었다. 내 친구 중 한 사람이 그와 동행하여 이 조사에 협조하고 있었는데 그의 말에 의하면, 두 사람은 계단을 오르내리고 복도를 거닐고 이 건물에서 저 건물로 매일 걸었다는 것이다.

간서는 노트에 가득 메모했다. 사무실에는 정부나 주州의 보고며 사립 병원의 보고, 위원회의 통계들이 산더미처럼 쌓여 있었다.

마침내 그는 짧은 기사를 네 편 썼다. 그대로 훌륭한 이야기가 될 수 있는 간단하고도 뜻이 풍부한 기사였다. 이 기사를 타이핑하는 데 사용된 종이의 무게는 불과 몇 온스에 지나지 않았다. 그러나 이 몇 온스를 만들기 위한 노트와 자료는 무려

20파운드에 달했다.

간서는 자기가 획기적인 무엇인가를 찾고 있음을 알고 있었다. 또한 무엇 하나 발견할 수 없다는 것도 알고 있었다. 그러나 노련한 그는 일념으로 마음을 가다듬고 노력한 결과 획기적인 것을 찾아냈다.

외과의인 나의 친구는 이런 말을 했다.

"충양돌기를 절개하는 방법을 가르치려면 10분이면 충분하다. 그러나 도중에 어떠한 실수를 했을 경우 대처하는 방법을 가르치는 데는 4년이 걸린다."

이야기하는 것에 있어서도 마찬가지이다. 언제든지 비상시에 대응할 수 있는 준비에 태만해서는 안 된다.

이야기가 끝난 후의 질문에 즉석에서 응답할 수 있어야 한다. 예비의 힘은 될 수 있는 대로 빨리 화제를 선정하는 데 따라서 얻어지는 것이다. 화제가 빨리 선정되면 그 화제에 대해 줄곧 생각할 수 있는 막대한 이점이 있다.

다른 일을 하는 중에도 그것에 대해 생각한다. 차를 운전하며, 버스를 기다리며, 지하철을 타고 가는 동안에도, 특별히 다른 생각을 하지 않는 시간을 활용해서 이야기의 주제를 충분히 검토할 수가 있다.

마음 속에 넉넉하게 자리를 잡는 것은 바로 이러한 잠재 기간인 것이다.

정반대의 의견을 가진 청중들에게도 귀를 기울였던 웅변가 노만 토머스는 이렇게 말했다.

"연설을 해야 하는 연사는 몇 날을 마음 속으로 그 주제나 요점 등을 두루 검토하고 그와 함께 생활해야 합니다. 거리를 거닐 때도 신문을 읽는 중간에도 취침 전, 심지어는 일어나기 전에도 생각합니다. 그러다 보면 이야기에 유용한 실례나 이야기하는 방법에 대한 힌트가 하나 둘 떠오르게 됩니다. 무의미한 이야기는 필연적인 결과인 것입니다."

이 과정에서 당신은 이야기의 내용을 술어적으로 쓰고 싶다는 강한 유혹에 빠질 것이다. 그러나 그래서는 안 된다. 일단 한 가지 형태를 만들어 놓으면, 그것에 만족하고 그 이상 건설적인 생각을 하려고 하지 않기 때문이다. 그리고 원고를 직접 암기할 위험성이 있다. 마크 트웨인은 암기하는 것에 대해서 다음과 같이 말하였다.

"기록한 것은 말하는 것과는 다릅니다. 그것은 어디까지나 문장인 것입니다. 딱딱하고 탄력성이 없어서 효과적인 말이 되지 않습니다. 이야기의 목적이 무엇을 가르치는 것이 아니라면 다른 사람을 즐겁게 할 수 있고, 아무에게나 쉬운 일상 생활의 말로 이야기하면 됩니다. 그렇지 않으면 모두 듣기 싫은 것이 되고 즐거움은 찾을 수가 없을 것입니다."

발명 기술에 있어서 세계 제일인 제너럴 모터스의 발전에 커다란 공헌을 한 찰스 F. 캐더린은 청중의 마음을 휘어잡는 훌륭한 연설을 할 줄 아는 사람이었다.

그는 지금까지 원고를 작성한 적이 있었느냐고 질문을 받자, 이렇게 대답했다.

"내가 이야기하고자 하는 것은 종이에 적지 않습니다. 그보다는 청중의 마음이나 감정에 직접 적는 것이 좋습니다. 종이 따위가 나와 내가 감동을 주고자 하는 사람들의 사이를 막아서야 되겠습니까?"

실례를 많이 인용하라

루돌프 프레슈는 그의 저서 《문장 작법》에서 '감동 깊게 읽는 것은 평범한 이야기다'는 구절로 시작하고 있다. 그는 그 원리를 《타임》지와 《리더스 다이제스트》지에 응용하였다.

발행 부수가 많은 잡지의 조그만 기사에 있어서도 이야기체로 씌어 있어서 일상 용어가 대단히 많이 사용되고 있다. 일상 생활의 이야기는 잡지의 기사에서도 사람의 관심을 끄는 힘을 가지고 있다.

노만 빈센트 필의 설교 프로는 라디오나 텔레비전에서 수백만의 시청자를 확보하고 있는데, 이야기를 하기 위하여 그가 잘 인용하는 재료는 실례이다.

그는 《쿼털 저널 오브 스피치》의 기자에게 이렇게 말했다.

"내가 알고 있는 사실에 입각한 실례야말로, 생각을 명료하게 하고 흥미를 느끼게 하며, 설득력이 있는 제일 훌륭한 소재입니다. 언제나 나는 중요한 요점을 적어두기보다는 그때그때 몇 개의 실례를 이용합니다."

이 책을 읽으면서 내가 자기의 주요한 요점을 전개하는 수단으로 일상 생활에서 일어난 일을 사용하고 있다는 것을 알게 되었을 것이다. 친구를 만들고 사람을 다루는 방법의 원리만을 열거한다면 한 페이지 반밖에 되지 않는다.

실례라고 하는 재료를 사용하고 소화시키는 중요한 기술을 내 것으로 만들려면 어떻게 하는 것이 좋을까?

여기에 다섯 가지 방법이 있다. 인간미를 풍부히 지닐 것, 자기화할 것, 자세하고 분명하게 할 것, 극적 효과를 조성할 것, 시각화할 것이 그것이다.

– 인간미를 풍부히 지녀라

예전에 나는 파리 주재의 미국 실업가들에게 '성공의 비결'이란 주제에 관해 이야기하도록 했다.

대부분의 사람들은 추상적인 미덕을 늘어놓고, 근면이라든가 야심이라는 가치에 대해서 설교조의 이야기를 하는 것이 고작이었다.

그래서 나는 일단 중지시키고는 다음과 같이 말하였다.

"우리들은 설교를 듣고 싶지 않습니다. 그런 이야기는 누구도 좋아하지 않습니다. 무엇보다도 우선 재미있지 않으면 누구도 주의 깊게 듣지 않을 것입니다. 흥미를 갖게 하는 것 중의 하나는 승화되고 미화된 시사 만평 같은 것입니다. 그러면 여기서 당신이 알고 있는 두 사람의 인물에 관해서 이야기를 해 주십시오. 왜 한 사람은 성공하고, 또 한 사람은 실패했는가를 이야기하는 것입니다. 그것이라면 우리는 즐겁게 듣고 오래 간직하면서 교훈도 얻을 것입니다."

그런데 이 강의에는 이야기하는 것은 물론 듣는 것에도 흥미를 느끼지 못하는 사람이 있었다.

그러나 그 날 저녁, 그는 나의 제안에 대학 시절의 두 친구에 대해 이야기했다.

한 사람은 대단한 절약가로 와이셔츠를 살 때도 계획표를 만들었습니다. 그의 마음 속에는 언제나 '돈'으로 가득 차 있었습니다.

그리고 그가 공과대학을 졸업했을 때, 그는 자기를 중요한 인물이라 생각하고 다른 졸업생처럼 말단에서부터 시작하여 차차 승진해 가는 꾸준한 방법을 거부했습니다.

3년 후 동창회가 있었을 때도 그는 별다른 대화도 없이 세탁물에 대한 계획표를 작성하고 있었습니다. 그러면서도 자기에게 어떤 훌륭한 일거리가 생기기를 기다리고 있었습니다.

그로부터 25년이 지난 지금, 그는 인생에 대한 불평과 한탄을 안고서 낮은 지위에서 벗어나지 못하고 있습니다. 그러니 다른 친구는 이 친구와는 아주 대조적이었습니다.

그는 대인 관계가 좋아서 누구와도 친했습니다. 장래에 커다란 일을 해야겠다는 야심은 있었습니다만, 우선 제도사로 출발했습니다. 그러나 그는 언제나 태만하지 않고 기회가 오기만을 기다리고 있었습니다.

그때 마침 뉴욕 세계박람회의 계획이 이루어지고 있었습니다. 거기에 기술자가 필요하다는 것을 알자, 그는 필라델피아에서 하던 직업을 그만두고 뉴욕으로 갔습니다.

거기서 공동 경영자를 구해 드디어 공사의 청부업을 시작했습니다. 전화 회사로부터 대단히 많은 일을 청부받았고, 이어서 그 전화 회사에 높은 자리로 고용되었습니다.

여기서 나는 그 사람이 이야기한 것을 극히 짧게 요약해서 말했다. 실제로는 좀더 재미있는 인간미가 섞인 자세한 묘사로서 우리들을 흥미 있게 했으며, 동시에 많은 것을 깨닫게 해 주었다. 그의 이야기는 상당히 오래 계속됐다.

다른 때 같으면 3분간의 이야기 재료조차 갖지 못하던 사람이, 이 이야기가 끝났을 때는 무려 10분 동안이나 듣는 사람의 마음을 사로잡았다는 사실을 알고, 본인도 놀라지 않을 수가 없었다.

그 얘기가 얼마나 재미있었는지 10분도 짧게 느껴질 정도였다. 그것은 그에게 있어서는 최초의 승리였다.

아마도 누구든지 이 성공담에서 무엇인가 느껴지는 것이 있을 것이다. 평범한 이야기에서도 인간미가 넘치는 일화를 충분히 만들어 내면 틀림없이 사람의 마음에 호소할 수 있다.

지극히 간단한 요점일지라도 구체적인 실례를 들어 설명해야 한다. 그렇게 하면 누구라도 관심을 기울일 것이다.

물론 인간미가 있는 이야기 재료는 자신의 환경과 체험이다. 자신에 대한 것은 이야기하지 말라는 상식적인 에티켓에 구애되어 자기의 경험을 이야기하지 않는 것은 어리석은 짓이다.

청중이 이야기하는 사람의 개인적인 내용에 반감을 나타내는 것은 도덕적인 자기 중심의 이야기를 할 때뿐이다. 대부분의 청중은 이야기하는 사람의 개인적인 내용에 더욱 흥미를 가지는 것이며, 관심을 끌게 하는 가장 확실한 재료이다. 결코 무시해서는 안 된다.

– 가명을 사용해서 이야기하라

다른 사람에게서 들은 것을 이야기하는 경우에는 절대로 그 사람들의 실명을 사용해서는 안 되고 가명을 사용하는 것이 좋다. 스미스나 조 브라운이라는 개성적인 이름을 쓰면, 이 남자 또는 그 사람이라고 지명하는 것보다 대단한 설득력이 있다. 이름이 있으면 구별하기가 쉽고 개성적인 인상을 주게 된다.

루돌프 푸벳슈는 이렇게 지적하고 있다.

"이름처럼 이야깃거리에 진실미를 더해 주는 것은 없다. 익명처럼 비현실적인 것은 없다. 주인공 이름이 없는 소설을 생각해 보라."

이야기에 이름이나 인칭대명사를 많이 사용한다면 청중의 마음을 움직일 확률이 크다고 확신할 수 있다. 왜냐 하면 그런 경우, 당신의 이야기에는 인간의 관심을 휘어잡는 가치 있는 성분이 들어 있기 때문이다.

- 세부적인 것을 분명히 하라

이 점에 대해서 여러분들은 이렇게 말할지도 모른다.

"그것은 당연한 것이지만 어떻게 세부적으로 분명히 설명했다고 확신할 수 있습니까?"

거기에는 한 가지 좋은 방법이 있다. 그것은 육하六何 원칙을 이용하는 것이다.

'언제? 어디서? 누가? 무엇을? 어떻게? 왜?'라는 이 질문에 대답해 보는 것이다. 이 방식에 따르면 당신의 실례는 생명과 색채가 있는 것이 된다. 한 가지 내가 쓴 일화를 예로 들어 보겠다. 이 글은 내가 《리더스 다이제스트》에 기고한 것이다.

나는 대학을 졸업하고 아머 앤드 회사의 세일즈맨으로 남다고타 주를 2년간 돌아다녔습니다. 화물 열차를 타고 내가 맡은 구역을 돌아보던 어느 날, 래드필드에서 남쪽으로 가는 열차를 타기 위하여 2시간을 기다려야 했습니다. 그런데 래드필드는 나의 구역이 아니었기 때문에 기다리는 시간을 이용하여 세일즈를 할 수 없었습니다.

그때 나는 1년 이내에 뉴욕의 '아메리카 연극 아카데미'에 공부하러 갈 계획이었으므로, 한가한 시간을 이용하여 연습하기로 했습니다.

나는 역 구내를 이리저리 거닐면서 셰익스피어의 《맥베스》의 한 장면을 낭독하기 시작했습니다. 가슴을 활짝 펴고 나는 크게 소리쳤습니다.

"저기 보이는 것은 단검이 아니냐. 칼자루가 이쪽을 향하고…… 자, 잡아라! 잡아 봐라."

네 사람의 경찰관이 내게 덤벼들며 어째서 부인을 놀라게 했느냐고 심문했을 때까지도 나는 연극에 몰두하고 있었습니다. 열차 강도를 계획하는 것이 아니냐고 추궁당했으나 조금도 놀라지 않았습니다.

경찰관들은 그 부인이 백 미터나 떨어져 있는 집 안에서 나를 관찰하고 있었다고 가르쳐 주었습니다. 그런데 나의 행동이 이상해서 가까이 다가와 살펴보니 단검이 어떠니 하고, 내가 중얼거리는 것이 들려서 경찰에 신고했다는 것이었습니다.

나는 셰익스피어의 연극을 연습하고 있었다고 설명했지만 믿어주지 않았습니다. 결국에는 아머 앤드 회사의 주문장을 보이고서야 겨우 석방되었습니다.

이 일화가 앞에서 제시한 육하 원칙의 질문에 어떻게 적용되는가를 살펴보라.

물론 너무 지나치면 나쁜 결과를 초래한다. 무의미한 것을 너절하게 지껄이게 된다면 누구라도 실패하고 만다.

남다고타의 어느 거리에서 체포될 뻔한 운명에서 벗어날 수 있었던 이유는 이 원칙에 따라 대답을 할 수 있었기 때문이다. 너무나도 많은 세부적인 이야기를 지껄이면 청중은 당신에게 주의를 집중하지 않게 된다.

– 대화를 사용해서 이야기를 극적으로 만들라

자, 이제부터 두 가지의 예를 들겠다. 대화체를 삽입시키는 것과 그렇지 않은 것의 차이를 스스로 느껴보라.

어떤 사람이 나의 사무실에 찾아왔습니다. 2주일 전에 우리가 배달한 전기제품이 잘 작동하지 않는다고 대단히 화가 나 있었습니다. 그래서 애프터서비스에 최선을 다하겠다고 말했습니다. 잠시 후, 그는 우리가 수리하는 데 최선을 다하려는 의지가 있음을 알고 화를 풀었습니다.

이 일화에서의 좋은 점은 어느 정도 명확하게 이야기되고 있다는 것이다.

그러나 사람의 이름이 빠져 있고 자세하지가 못하다. 그러한 요소를 갖춘 예문을 다음에 서술해 보겠다.

지난 주 화요일, 사무실 문이 벌컥 열리기에 눈을 들어 보니 내 단골 손님인 찰스 브렉삼의 화난 얼굴이 눈에 띄었습니다.

미처 자리를 권할 사이도 없이 그는 말했습니다.

"에드, 이것이 최후의 충고요."

"빨리 트럭을 보내서 우리 지하실에 있는 세탁기를 운반해 가게."

나는 어떻게 된 것이냐고 물었습니다. 그는 듣지 않아도 알 것 아니냐고 말했습니다.

"틀려먹었어! 그 기계는."

하고 그는 큰 소리로 말했습니다.

"세탁물이 잘 빨아지지 않아서 아내는 화를 내며 다른 세탁기로 바꾸려 하고 있소."

나는 그에게 의자에 앉아서 좀더 자세히 설명해 주면 좋겠다고 말했습니다.

"앉아 있을 시간이 없소. 회사에 늦을 테니까. 처음부터 이런 상점에서 세탁기를 사는 것이 잘못이었어. 나는 지금 후회하고 있소. 이건 절대 농담이 아니오. 이제 두 번 다시 이런 실수는 하지 않을 것이오."

그는 여기까지 말하고는 손으로 테이블을 탕탕 쳐서 나의 가족 사진을 쓰러뜨렸습니다.

"아, 찰스 씨, 잠시라도 의자에 앉아서 이야기해 주실 수 없겠습니까? 그렇게 하시면 최선을 다해 무엇이든 해드리겠습니다."

하고 그를 달랬습니다.

그러자 그는 겨우 의자에 앉아서 조용하게 이야기를 마쳤습니다. 이 사건은 물론 좋게 결말이 났다.

이야기 안에 대화를 넣는 것은 한정되어 있겠지만, 위 예문의 대화처럼 직접적인 대화를 인용하면 극적인 효과를 얻게 될 것이다. 만일 이야기하는 사람에게 흉내 내는 재주가 있어서 음성을 변화시켜 말한다면, 이야기하는 사람과 저녁 식탁에 마주 앉아 있는 것 같은 실감을 느끼게 할 것이다.

학회의 단상에서 논문을 읽어나가는 학자나 마이크를 향하여 연설하는 긴장에 가득 찬 연설가와 같은 느낌을 주지 않을 것이다.

– 이야기할 때 몸이나 표정을 이용해서 시각화하라

어느 심리학자는 우리들의 지식의 85퍼센트 이상은 시각적인 인상을 통해서 얻어진다고 말했다.

이것은 TV가 선전 매체로서 효과적으로 이용되고 있음을 보면 쉽게 이해될 것이다. 대화술에도 청각적인 기술과 동시에 시각적인 기술도 필요하다.

계속되는 이야기를 현실감 있게 만드는 최상의 방법은 그것을 눈에 보이는 것처럼 표현하는 것이다.

골프채를 휘두르는 방법을 몇 시간이나 계속 강의할 수는 있겠지만, 듣는 쪽은 지루해져서 퇴장하고 만다.

그러나 페어 플레이를 하기 위해서 볼을 던질 때 몸을 움직이면서 실지로 해 보인다면, 모두 열심히 당신에게 집중할 것이다.

이와 마찬가지로 팔과 어깨를 사용하여 빙글빙글 도는 비행기를 표현한다면, 당신의 이야기에 보다 더 긴장해서 귀를 기울일 것이다.

한 가지 예로, 산업 노동자의 학급에서 그 멤버의 한 사람이 해 준 이야기를 소개해 보겠다. 그것은 시각화시킨 이야기의 걸작이었다. 그는 감독관이나 능률 전문가를 은근히 조롱하며 이야기했다.

망가진 기계를 검사하고 있는 신사의 몸놀림이나 몸가짐을 재미있게 흉내낸 것은 TV에서 볼 수 있는 것과 비교할 수 없을 정도로 폭소를 자아낸다. 시각화되었기 때문에, 그 이야기는 사람들의 기억에 오래 남아 있게 된다.

나도 청중의 한 사람으로서 그 이야기를 일생 동안 잊어버릴 수 없을 것이며, 그 학급의 친구들도 그때의 일을 지금까지 틀림없이 화제에 올리고 있을 것이다.

"어떻게 하면 이야기를 시각화할 수 있을까?"

하고 자신에게 물어 보자.

그리고 그것을 실제로 행하여 보라.

옛 중국 성인은 말했다.

"그림을 보이는 것은 천만 마디의 말로 설명하는 것보다 효과적이다."

눈앞에 보이는 것처럼 구체적이고 친밀감 있는 말을 사용하라

주의력을 끄는 과정에 있어서 좀더 중요하고 보조 수단이 되는 기술이 하나 있다. 평범하게 이야기하는 사람은 그것을 마음에조차 두고 있는 것 같지 않다.

즉, 영상을 만들어 내는 작용을 가진 말을 사용하는 것이다. 듣기 쉽게 이야기를 하는 사람은 듣는 사람의 눈앞에 영상을 떠오르게 하는 사람이다. 멍청하고 평범하게, 정체가 없는 상징적인 어휘를 사용하는 사람은 듣는 사람들을 그저 졸게 할 뿐이다.

영상, 그리고 또 영상. 영상은 당신이 호흡하는 공기처럼 얼마든지 무료로 손에 넣을 수 있다. 당신의 이야기 안에, 대화 속에 뿜어 넣으라. 그렇게 하면 좀더 사람을 즐겁게 하고 보다 큰 영향을 불러일으키는 말의 탁월성을 지적하고 있다.

우리들은 모든 것을 일반 개념이 아닌 특수 개념으로 생각해야 한다. 따라서 다음과 같은 문장은 피하는 것이 좋다.

"한 국가의 풍습이나 관습이 야만적이면 야만적일수록
그 형벌도 잔인하다."

이것보다는 다음과 같이 쓰는 것이 좋다.

"그 나라의 국민이 전쟁이나 투우나 검투사의 싸움을 좋
아할수록 그들은 교수형이나 불로 지지는 고문 같은 잔인
한 형벌로 사람을 벌한다."

영상을 만들어 내는 문장은 성서나 셰익스피어의 작품에, 사이다 공장에 모이는 꿀벌처럼 가득 차 있다.

예를 들어 평범한 작가라면 '완전한 것을 개선하려고 하는 것은'으로 표현할 수 있는 것을 '완전한 것을……'이라고 표현한다는 것이다.

셰익스피어는 같은 개념을 어떻게 표현했을까? 그는 섬세한 영상적인 말을 사용하여 표현하고 있다.

"정교하게 다듬은 금에 금박을 입히고, 백합꽃에 그림 그리듯 칠을 하고, 제비꽃에 향수를 뿌리며……."

예부터 전해 오는 금언이나 속담은 정말로 좋은 시각적인 말의 표현법을 나타내 준다.

"손 안의 한 마리 새는 풀숲 속에 있는 두 마리 새와 동등하다."

"말을 물 있는 곳까지 끌고 갈 수는 있어도 물을 먹일 수는 없다."

"여우처럼 교활하다."

"꿀먹은 벙어리처럼 잠자코."

"돌처럼 굳게."

링컨은 언제나 시각적인 용어를 사용해서 이야기했다. 언젠가 백악관의 대통령 책상에 쌓인 여러 비밀 문서를 보고, 링컨은 무미 건조한 말이 아닌 사람의 기억에 남을 영상적인 말을 사용해서 이렇게 꾸짖었다.

"말을 사려고 할 때 중요한 것은 말꼬리에 털이 몇 개 있느냐가 아니라, 그 말의 좋고 나쁨의 판정이 될 수 있는 말굽이다."

시각에 호소하는 힘을 기르라. 석양을 등지고 그림자가 되어 떠오르는 숫사슴의 뿔같이, 예리하고 선명한 영상을 말로써 진지하게 묘사하라.

예를 들면 개라는 말은 코커 스패니얼·요크셔 테리어·세인트 버나드·포메라니안 견 등의 이미지를 불러일으킨다. 만약 불도그라 말하면 그 동물의 이미지가 얼마나 선명하게 떠오르는가를 주의해 보라. 불도그라는 단어는 개라는 낱말에 비해서 분명히 한정적이다. 더욱이 이것을 '점박이 불도그'라면 한층 더 선명한 영상을 불러일으키지 않겠는가?

'한 필의 말'이라기보다는 '검은 털의 세틀랜드 원산의 포니'라고 말하는 것이 선명하지 않겠는가? '절름발이 흰 쟈보'라는 것이 '닭'이라는 말보다 명확하고 선명한 영상을 만들어 내지 않는가?

《문체의 요소》 중에서 윌리엄 스트랑 주니어는 이렇게 말한다.

문장의 기교를 배운 사람들 사이에서 의견이 일치되는 부분은 다음과 같다.

독자에게 주의력을 환기시켜서 멀어지지 않게 하기 위한 확실한 방법은 상세하고 명확하며 구체적으로 쓰는 것이다. 위대한 작가 호머·단테·셰익스피어 등은 훌륭히 묘사하고 있어서 설득력을 가지고 있다. 그들의 글은 영상을 불러일으킨다.

이것은 글로 쓰는 경우뿐만 아니라 이야기하는 경우에도 적용된다.

예전부터 나는 화술의 강의에서, 말하는 사람은 각 구절마다 사실에 의한 고유명사 또는 숫자나 날짜 등을 삽입하지 않으면 안 된다는 규칙을 적용해 왔다. 그 결과는 가히 혁명적이었다.

수강자들은 구체적인 말을 사용해서 일반 개념을 이해시키는 게임을 했다. 듣는 사람의 머리 위에 떠다니는 구름 같은 말이 아니고, 일반 사람들이 사용하는 명쾌하고 생기 있는 말로 이야기하기까지는 그만큼 훈련이 필요하다.

프랑스의 철학자인 아랑은 다음과 같이 말한다.

"추상적인 문제는 어느 때에도 잘 적용되지 않습니다. 대신에 문장을 돌이나 금속·테이블·동물·남자·여자 등의 구체적인 것에 적용시켜 보는 것입니다."

이것은 일상 생활의 회화에 있어서도 마찬가지이다. 보다 효과적인 회화를 할 수 있는 사람이 되고 싶다면 누구라도 이 충고를 지키면 반드시 성공할 것이다.

만일 당신이 세일즈맨이라면 세일즈의 화법에서 세부적인 것이 어떤 힘을 가졌는지 발견할 것이다. 중요한 자리에 있는 사람이나 가정 주부나 교사들도 명령을 하거나 정보를 제공할 때, 구체적인 사실에 입각한 세밀한 묘사를 사용한다면 커다란 효과가 있음을 알게 될 것이다.

02

화술에 생명을 부여하라

Public speaking Influencing Men in Buiness

제1차 세계대전 직후, 나는 런던에서 노웰 토머스와 함께 일하고 있었다. 그는 청중이 모인 회의 장소에서 아렌비와 아라비아의 로렌스에 관해서 훌륭한 강연을 하고 있었다.

어느 날, 나는 하이드 파크에서부터 정처 없이 걷다가 마블 아치 근처에 이르렀다.

거기에는 이데올로기나 인종 차별이 없고, 정치에 대해서 각자가 나름대로의 확신을 가지고 이야기해도 법의 간섭을 받지 않는다.

나는 카톨릭 교도가 법왕불가설法王不可說의 교의를 설명하는 것을 들었다. 그리고 사회주의자가 칼 마르크스에 대해서 이야기하는 것에 귀를 기울이고 있는 또 한 무리의 곁으로 갔다.

그리고 또 다른 무리로 가 보니, 거기에서는 한 남자가 일부 다처제의 정당성과 타당성을 역설하고 있었다. 두루 돌아보니 청중의 수가 제일 적은 곳은, 일부다처제를 부르짖는 곳이었다. 불과 몇 사람이 서서 듣고 있을 뿐이었다.

그 반면, 다른 곳은 청중의 수가 증가되고 있었다. 그들의 화제가 뛰어나지도 않는데도 불구하고 청중이 계속 모여드는 이유를 알 수 없었다.

그러나 그들을 자세히 관찰한 후 그 이유는 이야기하는 사람 자신에게 있다는 사실을 알게 되었다.

일부다처제의 정당성을 설명하는 사람은 그 문제에 흥미를 느끼는 것 같지 않았다.

이와는 정말 극적인 대조라 할 수 있을 정도로 정반대의 의견에 대해서 이야기하는 사람은 그들대로의 주제에 열중하고 있었다.

두 사람의 이야기는 활기에 차 있었다. 감동으로 인해 두 손을 힘차게 흔들고 목소리는 확신에 가득 찼다. 열의와 생기에 두 사람의 얼굴은 빛나고 있었다.

활력·생기·열의, 이것이야말로 이야기하는 사람에게 있어서 필요 불가결한 조건이라고 나는 생각한다. 활력에 넘쳐, 이야기하는 사람의 주위에는 가을의 보리밭에 모여드는 야생의 칠면조처럼 많은 사람이 모여든다.

그렇다면 청중의 주의력을 끌어당기는 활기 있는 이야기가 되려면 어떻게 해야 하는가? 이 장에서는 열의와 흥분을 주입하는 세 가지의 대원칙을 제시하겠다.

자신의 생각을 주제로 택하라

나는 이야기하려는 주제에 풍부한 감정을 담아야 한다고 앞에서 강조했다.

자기가 택한 주제에 열중하지 않으면, 그 이야기를 청중에게 믿게 할 수 없다. 취미나 여가의 활용은 거기에 오랜 경험이 있다든가, 또는 깊게 생각하는 것이 있다든가, 개인적인 관심이 있다든가에를 들면 자기가 살고 있는 동네에 좀더 좋은 학교가 필요하다는 문제 등등의 이유에서 청중과 함께 호흡하는 열기 있는 이야기를 하는 것은 그다지 어려운 것이 아니다.

이제까지 설득력 있는 이야기는 너무도 많이 들어 왔지만, 지금으로부터 20여 년 전 뉴욕 시에서 개최했던 나의 강의 도중에 들은 이야기는나는 이것을 '목초와 히코리재 사건' 이라 부르고 있다 어떤 의미에서 상식을 초월한 열의의 승리로서 유달리 이채를 띠고 있다.

그 '사건'을 소개해 보겠다.

시내에서 잘 알려진 판매 회사의 수완 좋은 세일즈맨이 씨앗이나 뿌리가 없이도 목초를 기를 수 있다는 어처구니없는 말을 했다. 그의 이야기에 의하면, 땅을 갈아 히코리의 재를 뿌렸더니 파란 목초가 돋아났다는 것이다. 그는 목초를 돋아나게 하는 것은 히코리의 재이고, 그것이 목초의 씨앗이라고 고집하였다.

나는 그의 이야기를 비평하면서 그 놀라운 발견이 사실이라면, 당신은 그것으로 백만 장자가 된다고 농담조로 얘기했다. 왜냐 하면 목초의 씨앗은 1부셸약 두 말에 무려 몇 달러에 달하기 때문이다. 또 이 발견으로 인해 비범한 과학자로서 당신의 이름은 역사에 남을 것이라고 말했다.

또한 지금까지 그가 주장하는 기적을 단 한 번이라도 이룩한 사람은 없다고 그에게 가르쳐 주었다. 살아 있지 않은 물질에서 생명을 만들어 낸 사람은 이제까지 없었다고.

나는 될 수 있는 대로 조용히 충고해 주었다. 그의 주장은 너무나도 터무니없는 것이었으므로 더 이상의 고집을 내세울 것도 없었다. 내가 비평을 마쳤을 때, 내 수강생들은 그의 잘못을 분명히 인정했다.

그러나 그에게만은 전혀 통하지 않았다. 그는 자기 주장을 끝까지 굳게 믿고 있었다. 그는 벌떡 일어나서 나를 향하여 자기의 주장은 절대로 틀림이 없다고 말했다.

결코 거짓을 주장하는 것이 아니라 실제로 경험한 것을 이야기했으며, 자기가 무엇에 관하여 이야기하고 있는지를 분명히 안다고 했다. 그는 참고 자료와 증거를 제시하며, 처음의 주장을 고집하였다. 그 목소리에는 성실과 진정이 가득 차 있었다.

다시 한 번 나는 그에게 그 의견은 절대로 옳지 않으며 확실할지도 모른다는 막연한 희망은 절대로 가져서는 안 된다고 설명했다. 그러자 그는 또다시 자리에서 일어나 5달러를 걸어도 좋다고 제의하고, 미국 농무성에 확인을 해 보자고 하였다.

그 결과는 어떻게 되었을까? 수강생 중 몇몇 사람은 그의 주장을 따랐다. 물론 의문을 가진 사람들도 적지 않은 것 같았지만.

만일 이때에 결말을 짓지 않았다면 수강생 중 과반수는 내 의견에 찬성하지 않았을 것이다.

나는 수강생들에게 신념을 굳히지 못하고 흔들린 이유가 무엇이냐고 물었다. 그들은 입을 모아 이야기하는 사람의 진지한 태도와 신념에 찬 말 때문에 상식적인 논리에 의문을 품게 되었다고 대답했다.

그래서 나는 정확한 답을 구하기 위해서 농무성에 문의해 보지 않을 수 없다. 이런 어리석고 바보 같은 질문은 수치스런 일이었지만 어쩔 수 없이 문의를 했다. 물론 농무성에서의 회답은 히코리의 재에서 목초나 그 외의 생물을 돋아나게 하는 것은 불가능하며, 이와 같은 질문의 편지를 벌써 뉴욕으로부터 받았다고 일러 주었다.

결국 그 세일즈맨은 자기의 생각을 확신하기 위하여, 책상 앞에 앉아서 질문의 편지를 쓴 것이다. 이 일은 결코 잊을 수 없는 교훈을 나에게 가르쳐 주었다.

만일 연설자가 어떤 것을 진정으로 믿고 진정으로 이야기하면 반드시 지지자가 나타난다. 그 세일즈맨처럼 불탄 재에서 목초가 생겨난다고 자신 있게 공언하는 것이다. 이것은 상식과 진실에서 벗어난 이야기였지만, 그 확신은 얼마나 큰 설득력을 가졌는가!

그렇게 주제에 대한 열정의 불꽃을 피우면 청중의 마음을 휘어잡는 것은 전혀 어려운 일이 아니다.

얼마 전의 일이다. 볼티모어에서 개최되었던 강의에서 어떤 남자가 체서피크 만의 날치를 현재의 방법대로 계속 잡는다면 날치는 전멸되고 만다고 경고했다. 그것도 불과 몇 년 사이에! 그는 자기의 이야기에 열중하고 있었다. 그것은 실로 중대한 것이었다.

그는 참으로 진지했다. 그가 일어나서 이야기를 시작했을 때, 나는 체서피크 만에 날치가 있는지조차 전혀 모르고 있었다.

청중의 대부분도 나와 마찬가지로 지식도 흥미도 가지고 있지 않았으리라고 생각된다. 그러나 그 이야기가 끝날 무렵, 우리들은 모두 날치를 법으로 보호할 수 있도록 정부에 요청하는 청원서에 서명할 마음으로 가득 차 있었다.

이탈리아 대사인 리처드 워반 차일드 씨는 독자의 흥미를 끄는 저술가로서 성공의 비결을 다음과 같이 털어놓았다.

"인생은 너무도 흥미 진진하므로, 나는 가만히 있을 수가 없습니다. 어떻게든지 그것을 사람들에게 알리고 싶은 것입니다."

언젠가 그의 연설을 들으러 런던에 간 적이 있었다. 연설이 끝난 후 우리 일행 중 이탈리아의 저명한 작가 F. E. 벤슨 씨가 이야기의 처음보다는 그 끝부분이 더 재미있었다고 의견을 말했다.

"이야기하는 사람 자신이 끝부분에 대단한 관심을 가지고 있기 때문입니다. 나는 언제나 열의와 관심을 느끼게 하는 이야기에 기대를 가집니다."

여기에 또 하나 화제 선택의 중요성을 확실하게 느끼게 하는 예가 있다.

어느 신사가 후린 씨라고 부르자 워싱턴에서 개최되었던 우리들의 강의에 들어왔다. 강의가 시작되자, 후린 씨는 미국의 수도 워싱턴에 관한 것을 이야기의 제목으로 선택하였다.

그는 지방 신문의 팜플렛을 가지고 일련의 자료를 급히 수집했다. 그러므로 이야기는 팜플렛을 읽는 것과 다름없이 무미 건조하고 흥미가 없었다.

그는 오랫동안 워싱턴에 살았으며 왜 워싱턴이 좋은가를 설명하면서 자기 자신의 경험에 의한 실례는 하나도 들지 않았다. 다만 쓸데없는 이야기만 늘어놓아 이야기하는 본인도 듣는 사람들도 모두 괴로워하고 있었다.

그로부터 2주일 후, 후린 씨에게 대단히 충격적인 사건이 일어났다. 누군가가 길가에 세워 둔 후린 씨의 새차를 들이받고 뺑소니를 친 것이다. 후린 씨는 보험금을 탈 수도 없었고, 수리비도 자기가 지불해야 할 처지였다.

그 덕분으로 훌륭한 화젯거리가 생기게 되었다.

자기 문제가 아닌 워싱턴에 관한 이야기는 본인에게 있어서나 듣는 사람에게도 괴로운 것이었지만, 망가진 자기 차에 대해서 후린 씨가 이야기하는 태도는, 베수비오의 화산이 폭발했을 때와도 같이 입 안의 침이 튀기는 열변이었다.

2주일 전 워싱턴에 관한 이야기는 빨리 끝났으면 좋겠다고 몸을 들썩거리며 앉아 있던 수강생들이 이번에는 마음에서 우러나는 갈채를 보내며 그를 격찬했다.

몇 번이나 반복해서 지적한 것처럼, 당신이 자기에게 잘 어울리는 화제를 선택한다면 성공은 의심할 여지가 없다.

다시 한 번 말하지만 화제를 한 방면에 한정시켜 놓고, 신념을 가지고 이야기해야 한다. 누구나 인생의 어느 한 방면에 관해서 강하게 믿는 것이 분명히 있을 것이다. 멀리서 찾아내려 할 필요가 없다. 그러한 주제는 의식의 표면에 있는 것이 보통이다.

왜냐 하면 당신은 그것에 관해서 몇 번이고 생각하고 있었을 것이기 때문이다.

최근에 사형에 관한 공청회의 실황이 텔레비전에 방영되었다. 많은 사람들이 참고인으로 초대되고 그들 나름대로의 의견을 말했다. 그 중에 로스앤젤레스의 경찰관이 있었다.

범죄자의 총격전에서 동료 경찰관 열한 사람이 사살된 사건에 강한 충격을 받았던 그는 그 문제를 늘 심각하게 생각하고 있었다. 그 경관은 자기 주장의 정당성을 믿고 있는 사람만이 가질 수 있는 통절한 어조로 이야기하였다.

역사에 남은 웅변가가 사람의 마음에 호소하는 힘은 강한 신념과 깊은 감동에서 우러나오는 것이다. 성실은 신념에 의해 지탱되며, 신념은 지성과 무엇을 이야기하느냐에 대한 냉정한 사고로서, 참된 이야기를 하여 마침내 따뜻한 정념에 의해서 이루어지는 것이다.

"마음은 이성이 모르는 이성을 내포하고 있다."

파스칼의 예리한 관찰의 진실성이 여러 가지 형태로 증명되는 것을 나는 수강생들에게서 몇 번이나 보아 왔다.

나는 보스턴의 어느 변호사를 생각해 본다. 그는 훌륭하고 유창하게 이야기를 하였다.

그러나 그가 이야기를 끝마쳤을 때, 청중들은 이렇게 말했을 뿐이다.

"영리한 사내다!"

그는 표면적인 인상밖에는 안겨주지 않았던 것이다. 정면만을 응시한 채 이야기의 배후에는 아무런 감정도 내포하지 않았기 때문이다.

같은 반에 보험회사 외판원을 하는 남자가 있었다. 키가 작고 볼품 없는 외모에, 이야기도 더듬더듬 자주 끊어졌다. 그러나 말 한 마디 한 마디에는 감정이 풍부해서 듣는 사람의 마음에 분명히 전해졌다.

링컨이 위싱턴에 있는 포드 극장의 귀빈석에서 암살된 지 이미 백 년 가까이 지났지만, 지극히 성실하게 살아온 그의 생애와 생존시의 언행은 지금도 우리 모두에게 살아 있다. 법률 방면에서 링컨보다 뛰어났던 사람은 많았다.

그는 부유하지도 않았고 사람을 잘 다룰 줄도 몰랐으며 세련되지도 않았다. 그러나 게티즈버그에서, 쿠퍼유니온에서, 또 위싱턴의 국회의사당 단상에서 그가 한 말의 진실과 성실함은 미국 역사를 통해서도 비교할 사람이 없다.

그러나 당신은 진실성과 성실함은 있으나 강한 신념과 관심이 결핍되어 있다고 생각할지도 모른다. 그러한 사람에게는 가만히 있지 말고, 무엇인가에 흥미를 갖도록 권유하고 싶다.

"예를 들면 어떤 것에 말입니까?"

하고 어떤 사람이 반문하여, 나는 얼떨결에 '비둘기'라고 대답했다.

"비둘기라고요?"

하고 그는 어리둥절한 표정으로 반문했다.

"그렇습니다."

하고 나는 대답했다.

"광장에 나가서 비둘기를 관찰하며, 비둘기에게 먹이를 주어 보십시오. 도서관에 가서 비둘기에 관한 책을 읽어보는 것도 좋겠지요. 그리고 이 단상에서 비둘기에 대해 이야기를 해 주십시오."

그는 내가 시킨 대로 실천했다.

다시 돌아왔을 때, 그는 이미 자신감에 가득 차 있었다. 그는 비둘기에 대해서 이야기를 시작했는데, 그것은 열광적인 비둘기 애호가의 열변이었다. 내가 제지하려고 하자, 그는 비둘기에 관한 서적을 40권이나 읽었다고 말했다. 그의 이야기는 무척 재미있었다.

여기서 또 한 가지 말해 두고 싶은 것이 있다. 그것은 당신이 화제로 삼고자 하는 것에 대해서 많이 연구하라는 것이다. 어느 것이든지 알면 알수록 그만큼 진실되고, 정열을 불태우게 된다.

《판매의 다섯 가지 원칙》의 저자인 과시 H. 파이팅은 세일즈맨은 언제나 자기가 취급하고 있는 상품에 대해서 배우는 태도로 임해야 한다고 주장하였다.

"좋은 제품에 대해서 많이 알면 아는 만큼 그 제품에 강한 애착을 갖게 되는 것이다."

이와 같이 주제에 대해서 많은 것을 알면 아는 만큼 그것에 대해서 진지하게 생각하게 되고 정열을 불태우게 되는 것이다.

있는 그대로 얘기하라

지금 당신은 제한 속도를 꼭 1마일 초과했기 때문에 당신을 정지시켰던 경찰관에 대해서 청중에게 이야기하고 있다고 생각하라. 당신이 직접 체험한 일에 대해서는 명확한 말로 표현할 수 있는 감정을 가질 수 있기 때문에 상대방을 설득시킬 수 있지만, 제3자의 입장에 서서 이야기하면 청중에게 강한 인상을 줄 수 없다.

모든 사람은 경찰관이 출두 영장을 떼어 주었을 때, 당신이 어떤 느낌을 받았는지 솔직한 이야기를 듣고 싶어한다. 그때의 상황에서 느꼈던 감정을 정확하게 재생하면 할수록 생생하게 그때의 당신을 표현할 수 있을 것이다.

우리들이 연극이나 영화를 보러 가는 이유 중의 하나는, 인생에 관한 갖가지 감정이 어떻게 표현되는지 보고 들으려 하는 데 목적이 있다. 언제부터인가 우리들은 사람들 앞에서 감정을 숨김없이 나타내는 것을 두려워하게 되고, 그 때문에 억눌린 감정의 배출구로서 연극을 보러 가게 되었다.

그러므로 사람들 앞에서 이야기하는 경우, 이야기 안에 조성되는 흥분의 양이 많으면 많을수록 그 이야기는 관심을 끌게 된다.

정직한 감정을 억제해서는 안 된다. 불타듯 뜨거운 정열에 물을 끼얹는 어리석은 짓을 해서는 안 된다. 자기의 주제에 대해서 당신이 열심히 이야기하는 모습을 청중들에게 보여야 한다. 그렇게 하면 반드시 청중의 관심을 끌수 있을 것이다.

열의 있는 태도를 보여라

청중 앞에 걸어나갈 때는, 언제나 즐거운 표정을 지어야 한다. 사형대로 끌려가는 듯한 태도는 버려야 한다. 미끈하고 경쾌한 발걸음은 청중에게 당신이 이야기하지 않으면 안 될 것 같은 느낌을 준다.

이야기를 하기 직전에 한 번 크게 심호흡을 하라. 테이블에 의지한다든가 굽혀서는 안 된다. 머리를 들고 얼굴은 정면을 향하여 반듯이 하라.

당신은 이제부터 무엇인가 유익한 것을 사람들에게 이야기하려는 것이므로 모든 행동을 분명하게 해야 한다. 당신은 지휘자인 것이다. 강연실의 구석구석까지 울리는 목소리는 당신을 힘입게 보이도록 할 것이다. 제스처를 쓰면 더욱 좋다.

레아드 부부가 '결과의 반은 워밍업에서 이루어진다'라고 한 말은 활동을 필요로 하는 상황에는 언제나 적용된다.

레아드 부부는 그들의 공저 《효과적인 기억술》에서 루스벨트 대통령에 대해서,

"그는 그의 징표가 된 반발력·정력·예기, 그리고 열의로 일생을 보냈다. 자신이 맡은 일에는 무엇이든 깊은 관심을 가졌으며, 설사 관심이 없는 경우에도 실로 교묘하게 관심이 있는 것처럼 가장한다."

라고 서술하고 있다. 루스벨트는 이처럼,

"열의가 있는 것처럼 움직여라. 그렇게 하면 모든 행동에 정말로 열의가 넘치는 것같이 된다."

라고 말한 윌리엄 제임스 철학의 살아 있는 전형인 것이다.

03

청중과 말을 주고받아라

Public speaking·Influencing Men in Buiness

러셀 콘웰의 유명한 강연 '다이아몬드의 토지'는 6천 회 정도 강연되었다. 그처럼 반복되는 이야기라면 한 마디 한 구절, 그리고 말의 억양도 변하지 않으리라 생각할 것이다. 그러나 절대로 그렇지 않다.

콘웰 박사는 청중이 늘 다르다는 것을 알고 있었다. 그렇기 때문에 강연을 반복할 때마다 다른 각도로 해야 한다는 것을 박사는 자각하고 있었다.

그러면 어떻게 이야기하는 사람과 강연 내용, 그리고 듣는 사람과의 관계를 살아 있는 것으로 만드는 데 성공하였을까?

박사는 이렇게 말하고 있다.

"나는 읍이나 도시를 방문하여 강연을 하기 전에 우체국장·이발소 주인·호텔 지배인·학교 교장·기자 등 여러 사람들과 만나서 이야기를 합니다. 그리고 그 부근의 상점에 들어가서 그들의 관심거리를 파악합니다. 그 다음에 그 지방에 맞는 문제에 대해서 강연하는 것입니다."

콘웰 박사는 의사 전달의 성공과 실패는 듣는 사람의 관심을 끌 만한 화제에 달려 있다고 생각했다.

연단에 올려진 강연 중에서 가장 인기를 얻은 '다이아몬드 토지'의 원본이라 할 수 있는 원고가 남아 있지 않은 것은 그 때문이다.

콘웰 박사는 같은 주제로 6천 회나 강연을 했지만, 총명한 통찰력과 뼈를 깎는 노력에 의해서 똑같은 강연을 한 적이 한 번도 없었다.

이 콘웰 박사의 예를 교훈 삼아 당신의 연설도 그때의 청중에 적당한지를 늘 체크하는 마음을 가져야 한다. 듣는 사람들과 강한 화합의 감정을 쌓아올리는 역할을 하는 간단한 법칙 몇 가지를 다음에 서술하기로 하겠다.

청중의 관심을 끌 만한 화제로 이야기하라

콘웰 박사는 늘 이 문제에 신경을 썼다. 박사는 언제나 강연 내용에 그 지방의 독특한 실례를 포함시켰다. 따라서 사람들은 박사의 이야기를 열심히 듣게 된다. 왜냐 하면 그것은 자기들의 것, 즉 자기들에게 관련된 문제였기 때문이다.

듣는 사람들이 좀더 관심을 집중시킬 수 있는 것, 즉 듣는 사람 자신의 일에 관계되는 것을 이야기함으로써 주의력을 집중시키면 의사 전달의 길은 열리게 된다.

미국 상공회의소의 전 회장이며 지금은 영화협회의 회장인 에릭 존슨은 연설할 때 언제든지 이 방법을 사용하고 있다. 다음은 존슨 씨가 오클라호마 대학의 졸업식에서 학생들에게 연설한 축사이다. 그가 어떻게 오클라호마 사람들에게 흥미를 느끼게 했는지 주의해 보라.

오클라호마는 원래 상인에게 있어서 버림받은 곳입니다. 오클라호마를 영원히 희망 없는 위험한 지방으로서, 여행 안내에서 제외시켰던 것은 그렇게 오랜 옛날의 일이 아닙니다.

1930년대에 오클라호마에 간 적이 있는 까마귀는 오클라호마에 가려는 또 다른 까마귀에게 충분한 식량이 없으면 그곳을 피해서 가는 것이 좋다고 충고했다는 이야기가 있습니다.

사람들은 오클라호마를 미국의 영원한 사막이라고 생각하여 두 번 다시 꽃을 피우게 할 수 없다고 말했습니다.

그러나 1940년대에 오클라호마는 녹지대가 되고, 브로드웨이의 뮤지컬에 등장하여 히트했습니다. '비 개인 뒤 바람이 살짝 불어오면, 보리밭에서 감미로운 향기가 파도처럼 밀려온다'라는 표현으로 무대에 등장했던 것입니다.

불과 10년 사이에, 이 황무지는 수익성이 좋은 옥수수로 가득 차게 되었습니다.

과거와 현재를 비교해 보면 정확한 이해를 할 수 있습니다.

그래서 나는 이 지방을 방문하기에 앞서, 1901년 여름의 《데일리 오클라호마》지를 조사해 보았습니다. 50년 전 이 지방의 생활상을 알고 싶었기 때문이었습니다. 거기에 강조되었던 것은 오클라호마의 미래에 대한 확신에 찬 기대였습니다. 커다랗게 '희망'이라는 글이 씌어 있었습니다.

에릭 존슨은 철저한 준비를 바탕으로 청중들의 관심사에 맞는 연설을 할 수 있었다.

그의 이야기가 단순한 복사판이 아니고 듣는 사람을 위해서 새로이 만들어진 것임을 느끼게 할 때, 듣는 사람은 결코 이야기하는 사람에게서 눈길을 돌리지 않는다.

듣는 사람이 당신에게서 어떤 지식을 제공받아, 문제를 해결하고 목적을 달성하기까지 어느 정도 도움이 될 것인가를 자문자답해 보라. 그리고 나서 그들에게 그 지식을 전하는 것이다. 그렇게 되면 당신은 틀림없이 청중의 관심을 모으게 될 것이다.

당신이 회계사라면 다음과 같이 이야기의 실마리를 푸는 것도 좋다.

"이제부터 여러분에게 50~100달러를 절약할 수 있는 방법을 가르쳐 드리겠습니다."

당신이 변호사였다면 유언서의 작성법을 이야기해 보라. 그렇게 하면 청중은 반드시 흥미를 가질 것이다. 당신의 전문적인 지식을 듣는 사람들에게 유익하기 때문이다.

영국의 저널리즘계의 권위자 노스크리프 경은 '무엇이 청중의 흥미를 불러일으키는가'라는 질문을 받자,

"이야기하는 사람 자신의 이야기를 하는 것입니다."

라고 대답했다. 노스크리프 경은 이 단순한 진리를 바탕으로 신문 왕국을 세울 수 있었다.

제임스 하베이 로빈슨은 그의 저서《정신의 형성》중에서 '자발적으로 좋은 재료를 모으는 사고법'이라고 공상을 정의하고 있다.

그는 또한 이렇게 말하고 있다.

"단단히 잡을 수도 없는 몽상에서 우리들은 자기의 관념을 이루어 가려고 합니다. 그 이루어 가는 것은 우리들의 희망이나 공포·욕망·달성, 혹은 좌절에 의해 결정됩니다. 또 애정과 노여움에 의해서 결정되어지기도 합니다. 우리들에게 본인 자신처럼 흥미를 끌게 하는 것은 없습니다."

필라델피아의 해럴드 드와이트는 우리 마지막 저녁 강의 때 성실하고 가치 있는 이야기를 하였다.

그는 테이블을 마주하고 있는 수강자들 한 사람 한 사람에

대해서, 차례차례로 이야기를 했다. 처음 강의가 시작되었을 때의 이야기하는 방법은 어떠했었는가, 그리고 어느 정도로 발전되었는가에 관해서 이야기했다.

여러 회원들이 한 얘기와 모두 함께 토의했던 화제를 생각해내면서, 그 중 몇 사람들의 흉내를 내서 모두가 웃고 즐거워하였다.

이와 같은 자료를 사용하면 절대로 실패할 일은 없다. 이야깃거리가 제아무리 무궁 무진해도 이 자리에서 이처럼 흥미로운 이야기는 어디에서도 찾아볼 수 없을 것이다. 드와이트 씨는 사람을 어떻게 다루는가를 잘 알고 있었다.

몇 년 전에 《아메리카 매거진》에 논문을 연재했던 일이 있었는데, 그때 '흥미 있는 사람'란의 책임자였던 존 시틀과 이야기를 할 기회가 있었다.

"인간은 이기적입니다."

하고 그는 말했다.

"그들은 주로 자기의 일 외에는 흥미를 갖지 않습니다. 철도를 국유화하는 것에 관해서는 조금도 흥미를 갖지 않습니다. 그와 반대로 알고 싶은 것은 어떻게 하면 출세할 수 있을까, 어떻게 하면 월급을 좀더 많이 받느냐, 어떻게 하면 건강을 유지할 수 있는가 하는 것들입니다.

만일 내가 이 잡지 편집장이라면 치아의 치료법, 여름을 시원하게 보내는 방법, 일꾼을 쓰는 법, 집을 사는 법, 기억력, 문법 교정 등의 기사를 실을 것입니다. 인간은 누구나 자신에게 가장 큰 관심을 갖는 것입니다.

그러므로 부호가 된 사람에게 어떻게 부동산업으로 백만 장자가 되었는지를 한번 들어 두는 것도 좋을 것입니다. 그리고 유명한 은행가나 여러 회사의 사장에게 어떻게 평사원에서 권력과 부를 쌓았는가를 들어 두는 것도 유익할 것입니다."

그 후 얼마 되지 않아서 시틀은 편집장으로 임명되었다. 당시 그 잡지의 발행 부수는 별로 많지 않았다.

시틀은 그의 이야기를 실행에 옮겼다. 그 반응은 압도적이었다. 발행 부수는 20만 부에서 30만, 40만, 50만 부로 늘어났다. 사람들이 희망하고 있던 것이 게재되었기 때문이다.

백만 명의 독자가 매주 그것을 구독하게 되었으며, 다시 150만, 200만으로 늘었다. 그리고 그 후에도 계속 증가되었다. 시틀은 독자들의 관심을 정확히 겨냥한 것이다.

당신이 청중과 대면했을 때, 그들은 내 이야기를 열심히 듣고 싶어한다고 마음 속으로 생각해 보라. 당신의 이야기가 그들 자신에 관한 것이며, 손목시계를 자주 본다든가 원망스럽게 문 쪽을 돌아다보는 일은 없을 것이다.

청중을 노골적으로 비난하면 노여움을 초래한다. 대신에 그들에게 칭찬할 것이 있으면 서슴없이 칭찬하라. 그렇게 하면 그들의 마음 속에 들어가는 통행 허가증을 받은 것과 다름없다.

그러므로 연단에 오르는 사람은 늘 연구해야 한다.

"여러분들은 이제까지 내가 상대해 온 어떤 사람들보다도 아주 총명한 청중입니다."

이같이 속이 들여다보이는 말은 도리어 듣는 사람을 노하게 만든다.

위대한 연설가 촌시 M. 데퓨 씨는,

"청중에 관해서, 청중이 상상도 하지 못했던 것에 대해 이야기하라."

라고 강조한다. 그 좋은 예를 들어 보기로 하자.

최근에 어떤 사람이 볼티모어 키와니즈 클럽에서 연설을 했다. 그는 그 클럽의 볼티모어 지부의 회원 중에, 국제본부의 회장을 역임했던 인물과 현재 국제본부의 이사를 역임하고 있는 인물이 있다는 것 외에는 별로 특별한 것을 찾을 수가 없었다.

그 두 사람의 일도 그 클럽의 회원들에게는 전혀 새로운 것이 아니었다. 여기서 그는 한 가지 묘안을 생각해 내었다. 그리고 이렇게 이야기를 시작했다.

"키와니즈 클럽의 볼티모어 지부는 101,898개 중의 하나입니다."

청중은 귀를 곤두세웠다. '이 연사는 분명히 잘못을 저지르고 있구나' 하고 듣는 사람들은 생각했다. 왜냐 하면 키와니즈 클럽은 전 세계의 지부를 모두 합쳐도 2,987개밖에 되지 않기 때문이다. 그러나 이야기는 계속되었다.

"그렇습니다. 의심이 가겠지만, 이 클럽은 수학적으로 말해서 101,898개 클럽 중의 하나입니다. 10만 개 중의 하나가 아니고, 20만 개 중의 하나도 아니며, 확실히 101,898개 중의 하나인 것입니다.

어떻게 해서 이런 숫자가 산출되었다고 생각하십니까?

볼티모어 키와니즈 클럽에는 전에 국제본부 회장을 역임한 분과 국제본부의 현 이사인 분이 계십니다. 수학적으로 보아 키와니즈 클럽의 한 지부에 국제본부의 전 회장과 현 이사가 동시에 계시는 확률은 101,898분의 1인 것입니다. 이 숫자는 정확합니다. 이것은 존스 홉킨스라는 의학 박사에게 의뢰해서 계산해 낸 것이기 때문입니다."

여기서 중요한 것은 그의 이야기가 매우 성실했다는 것이다. 성의가 담기지 않은 이야기는 한 사람의 상대를 속일 수 있을지는 모르지만, 다수의 청중은 절대로 속지 않는다.

"여기에 모이신 교양이 높은 청중 여러분……."

"뉴저지 주 호커스의 신사 숙녀를 위해서……."

"여러분과 얼굴을 마주 대하고 보니 기쁘기 한이 없습니다. 나는 여러분 모두에게 호감을 느끼고 있습니다."

이런 표현은 잘못된 것이다. 본심이 아닌, 체면치레로 지껄인다면 일찌감치 그만두는 것이 좋다.

청중과 자신의 공통점을 분명히 나타내라

되도록이면 빨리, 될 수 있으면 첫마디에, 당신과 이야기하려는 청중과의 직접적인 연결을 명시하라. 만일 초청받아서 이야기하는 것이라면, 더욱 분명히 밝히는 것이 좋다.

해럴드 맥밀란이 영국 수상 재임 당시, 인디애나 주 그린캐슬에 있는 데포 대학의 졸업식에서 축사를 했을 때, 다음과 같은 말로 처음부터 청중의 마음을 꽉 잡았다.

"제군들의 환영을 과분하게 받았습니다. 영국의 수상이 이 대학 졸업식에 초대되는 기회는 좀처럼 얻기 어렵습니다. 그러나 내가 영국 수상이라는 것이 여기에 초대된 유일한, 또는 중요한 이유라고는 생각하지 않습니다."

그리고 맥밀란 수상은 그의 모친이 인디애나 태생의 미국인이며, 외할아버지는 데포 대학의 제1기 졸업생이었다는 것을 말하고 이렇게 얘기했다.

"나는 데포 대학에 끊을 수 없는 애정을 가질 수밖에 없으며,

우리 가문의 전통이 여기에서 만들어졌음을 진심으로 자랑스럽게 생각합니다."

그가 그의 어머니와 할아버지가 다니던 초창기 시절의 학교와 생활 양식을 화제로 한 것은 청중들에게 곧 한 식구라는 친근감을 갖게 하였다.

의사 소통의 길을 열어놓는 하나의 방법은 청중의 이름을 사용하는 것이다. 나는 전에 어느 모임에서 주빈이 된 적이 있었다. 그런데 연설하는 사람은 모인 사람들에 대해서 놀라울 만큼 왕성한 호기심을 갖고 있었다.

식사 중에 저쪽 테이블에 앉아 있는 감색 양복을 입은 사람은 누구이며, 꽃을 장식한 모자를 쓴 부인의 이름은 무엇이냐고 사회자에게 질문하였다. 어째서 그렇게까지 호기심을 가졌는가는 그가 일어서서 이야기를 시작했을 때 밝혀졌다.

그는 기억해 두었던 이름을 교묘하게 이야기에 조화시킨 것이다. 자신의 이름을 인용당한 사람들의 얼굴에는 기쁜 듯 웃음이 떠오른다. 이 간단한 방법으로 이야기하는 사람과 청중 사이에는 따뜻한 우정이 싹트는 것을 느꼈다.

제너럴 다이내믹 회사의 사장인 프랑크페스 주니어도 이야기 중에 사람의 이름을 인용해서 성공한 적이 있다.

언젠가 뉴욕의 레리존 인 아메리카 라이프사의 연례 만찬회에서의 일이다.

"오늘 저녁은 저에게 여러 가지 의미에서 즐겁고도 뜻깊은 자리입니다. 첫째는, 이 자리에 제가 적을 두고 있는 교회의 목사 로버트 아플야드 씨가 함께 계신 것입니다. 목사님의 언행과 지도에 의해서 저 개인도, 가정도, 우리들의 교회 맴버 전원도 커다란 가르침을 받아 왔습니다.

둘째로는, 루이스 스트라우스와 봅스티븐스 씨 두 사람 사이에 자리를 차지하고 앉은 것을 영광이라 생각하는 바입니다. 두 분 모두 종교 생활을 열심히 하시는 분으로 사회 봉사도 솔선 수범으로 하시는 분들입니다. 이 두 분과 자리를 함께 하게 된 것을 진심으로 기뻐하는 바입니다."

한 가지 주의할 것은, 가깝게 지내지 않았던 사람의 이름을 즉석에서 다른 사람에게 듣고 이야기 속에 사용할 때는, 그 이름이 정확한가를 확인하라. 또 그 이름을 사용할 경우, 이유를 충분히 이해시키지 않으면 안 된다. 그리고 이름을 사용할 때, 호의적이라 할지라도 정도를 넘지 않도록 해야 한다.

청중의 주의력을 최고도로 끌어들이고 싶다면, 이 점을 소홀히 해서는 안 된다.

뉴욕 시의 강좌에서 어느 수강생이 말한, 유산硫酸에 관한 이야기의 일부를 소개하겠다.

유산은 여러 가지 형태로 여러분의 생활에 널리 사용되고 있습니다. 유산이 없으면 여러분의 차는 움직이지 못합니다. 왜냐하면 유산은 석유나 휘발유의 정제에 널리 사용되고 있기 때문입니다. 당신의 직장이나 가정을 밝게 해 주는 전등도 유산이 없으면 만들어지지 않습니다.

목욕탕에 물을 받을 때 당신은 니켈 도금이 된 수도꼭지를 틀 것입니다. 이 수도꼭지의 제조 공정에도 유산을 필요로 합니다. 당신이 사용하고 있는 비누도 유산으로 처리된 유지로 만들어졌을 것입니다.

칫솔이나 셀룰로이드 제의 빗도 유산 없이는 만들 수 없습니다. 당신의 면도날도 불에 달군 다음에 유산액 속에 담갔을 것이 틀림없습니다. 당신의 아침 식탁에 놓인 접시나 컵도 백색 이외의 것은 전부 유산의 작용이 가해져 있습니다.

당신의 스푼이나 포크의 은도금도 유산액에 담겨졌던 것입니다. 이와 같이 유산은 우리 생활 전체에 많은 영향을 주고 있습니다. 당신은 어느 곳에서나 유산의 영향에서 벗어날 수는 없습니다.

'당신'이라는 대명사를 사용해서 듣는 사람들을 이야기 안에 등장시키면, 이야기하는 사람은 청중의 주의를 환기시키고 호응을 얻는 데 성공할 수 있다.

그러나 '당신'이라는 말은 화자와 청자 사이에 다리를 놓는 반면에, 반대로 거리감을 주는 작용을 일으키는 경우도 있다. 즉, 높은 곳에서 청중을 향해 이야기할 때나 강의를 할 때이다. 그러한 때는 '당신'이라고 하기보다는 '우리'라는 대명사를 사용하는 것이 무난하다.

미국 의학협회의 보건교육 부장인 W. W. 바우어 박사도 라디오나 텔레비전에서 이야기할 때 이 방법을 사용하고 있다.

예를 들면,

"좋은 의사를 선택하려면 어떻게 하면 좋은가 알고 싶지 않습니까? 만일 의사로부터 최선의 조치를 받고 싶다면, 그 전제 조건으로서 어떻게 하면 좋은 환자가 되는가를 알고 싶은 것은 당연합니다."

청중을 동참시켜라

조그만 무대 연출의 기교를 사용함으로써 청중에게 당신의 한 마디 한 구절이 낚싯밥이 되게 하는 방법이 없을까 생각해 본 적이 있는가? 어떤 요점을 강조한다든가 극적인 표현을 시험하기 위해서 청중들 가운데 누군가를 조수로 택하면 청중의 주의력을 눈에 띄게 높이는 효과를 낼 수 있다.

당신 앞에서 듣고 있는 사람들은 그 일원이 이야기하는 사람과 함께 이야기 속에서 한 역할을 하게 되면, 이제부터 무슨 일이 일어날 것인가 자연히 신경을 곤두세우게 된다.

연단에 선 사람과 청중 사이에 벽이 있는 경우, 그 벽을 치워 버리는 하나의 방법은 '청중에게 하나의 역할을 맡기는 것이다' 라는 것이 많은 연사들의 일치된 의견이다.

브레이크를 밟아서 차가 정지할 때까지의 거리가 차의 속도에 의해 어떻게 변하는가를 설명하기 위해서 청중 중 한 사람에게 도움을 청했다. 의뢰받은 사람은 줄자의 끝을 잡고 4, 5피트 떨어진 곳에서 이야기하는 사람의 지시에 응해 섰다.

나는 이것을 보면서, 아주 현명한 방법이라 생각했다. 그 줄자는 이야기하는 사람의 말의 초점을 구체적으로 제시하는 데 효과적이었고, 화자와 청자가 함께 연단에 서서 서로 돕는 것은 청중들에게 함께 참여한다는 진지함을 안겨 주었다.

이 자그마한 무대적인 연출이 없었다면 아마도 청중은 오늘 밤 어떤 TV 프로가 있는가 하는 따위의 잡념에 정신을 빼앗기고 있었을 것이다.

듣는 사람을 동참시키기 위해서 내가 즐겨 이용하는 방법의 하나는, 질문을 해서 그것에 대한 답을 구하는 것이다. 나는 청중으로 하여금 일어서게 하고 내가 말하는 것을 청중에게 복창하게 한다든가, 나의 질문에 손을 들어 대답하게 한다.

청중이 참가하는 문제에 관해 몇 가지 귀중한 충고가 들어 있는 《유머가 있는 문장을 쓰는 방법과 말하는 방법》의 저자

파시 A. 파이팅은 청중에게 무엇인가에 대해서 투표를 하게 한다든가, 문제 해결에 도움을 달라고 부탁할 것을 권하고 있다.

"대화술에 대한 올바른 생각을 쌓아올리십시오. 이야기하는 것은 외우는 것이 아니고, 청중이 반응을 일으키게 유도하는 것이므로, 청중을 이야기라고 하는 공동 사업의 동반자로 삼는 것이 중요합니다."

라고 파시 씨는 말한다.

청중을 '공동 사업의 동반자'라고 한 이 표현을 나는 대단히 좋아한다. 이것은 이 장에서 설명하고 있는 것을 이해하는 열쇠이다. 청중에게 하나의 역할을 맡기는 것은 청중에게 공동 경영권을 맡기는 것과 같은 것이다.

겸손하라

노만 빈센트 필은 신자들에게 설교를 하면서 곤란을 겪고 있는 동료 목사에게 대단히 유익한 충고를 해 준 적이 있다.

필은 매주 일요일 아침, 그 목사가 설교하기 전에 신자들에게 호감을 가지고 있는가, 그들을 도와주고 싶다고 생각하는가, 신자들을 지적으로 자기보다 낮은 인간이라고 생각하는지를 질문했다.

필 박사는 자기가 청중들보다 뛰어난 사람이라는 생각으로 설교 단상에 오르면 절대로 안 된다고 충고하였다.

청중들은 자기가 청중보다 교양이 있고 사회적 지위가 높다고 의식하는 연사를 민감하게 느끼고 있다. 실제로 청중에게 사랑받는 연설자가 되기 위한 최선의 방법 중 하나는 청중을 향하여 겸손한 태도를 취하는 것이다.

메인 주에서 상원의원이었던 애드몬드 S. 마스키는 보스턴의 미국 법조협회에서 연설하면서 이 방법을 응용했다.

"오늘 아침, 이렇게 여러분에게 이야기를 해야 하는 임무를 맡게 된 나는 여러 가지로 난처했습니다. 첫째로, 나는 여러분이 여러 분야에 전문적인 지식을 가지고 있다는 것을 잘 알고 있습니다. 그러한 분들 앞에서 나의 빈약한 지식을 보인다는 것이 부끄러웠고, 둘째는 이 모임이 조찬회이며, 따라서 충분한 자기 방어의 태세를 갖추고 있지 않은 시간이라는 것입니다. 잘못하여 실수를 저지르면 치명상이 되지 않을 수 없습니다.

그리고 셋째는, 내 이야기의 테마에 대한 망설임입니다. 이제부터 나는 공복公僕으로서 내가 해 온 일이 어떠한 영향을 끼치고 있는가 이야기하고자 합니다만, 내가 정치 활동에 몸을 바치고 있는 이상 그 영향의 시비는 선거민 사이에서 의견이 크게 대립될 것입니다. 지금 나는 나체주의자의 캠프에 미혹된 것 같은 기분입니다. 그래서 무엇부터 이야기를 해야 좋을지 갈피를 잡지 못하고 있습니다."

마스키 의원은 이렇게 전제하고 나서, 재치 있고 훌륭한 연설을 하였다.

마드레 F. 스티븐슨도 미시간 주립 대학 졸업식에서의 축사에서 자기 자신을 낮추는 방법을 이용하였다.

그는 이렇게 시작했다.

"나는 이와 같은 자리에서 이야기하는 것이 매우 서툽니다. 그래서 마음을 안정시키고자 사무엘 버틀러가 한 말을 생각했습니다. 인생의 활용 방법을 주제로 강연할 것을 의뢰받았을 때 버틀러 씨는 이렇게 말했습니다.

'모릅니다. 지금부터 내게 할애된 15분간을 최선으로 활용하는 방법도 나는 모릅니다'라고. 나도 그와 마찬가지로 이제부터 20분간을 어떻게 하면 좋은가에 대해서 그렇게 생각할 수밖에 없습니다."

청중에게 우월감을 과시하는 것은 틀림없이 반감을 살 것이다. 많은 사람들 앞에서 이야기할 때, 당신은 진열장 안에 진열되어 있는 것처럼 인격의 모든 면이 노출되기 때문이다. 만일 조금이라도 교만한 태도가 보인다면 청중은 외면을 할 것이다. 그러나 연사 자신은 불완전한 인간이므로 최선을 다하는 모습을 분명히 보이면, 청중은 당신에게 호의와 존경을 보낼 것이다.

미국의 방송가는 대단히 비정한 세계로서 일정한 기간이 지나면 일류 탤런트들이 눈부신 경쟁의 불꽃을 튀기면서 사라지고 있다.

그러나 매년 텔레비전에 모습을 나타낸 사람 중에 설리반이 있었다. 그가 현재까지 건재할 수 있었던 것은 어리숙한 면을 보였기 때문이다.

그에게 늠름하고 씩씩한 모습만을 카메라에 담았다면 그는 이미 오래 전에 사라졌을 것이다.

그는 손으로 머리를 긁는다든가, 어깨를 움츠린다든가, 넥타이를 만지작거린다든가 말을 더듬거리기도 했다.

그러나 설리반에게는 이것이 치명적인 약점이 되지 않았다. 그는 자신의 결점에 대해 사람들이 비평하는 것을 듣고도 화를 내지 않았다.

그는 비평을 환영하고, 시청자는 그의 그러한 점을 사랑했다. 청중은 겸손을 좋아한다. 돋보이려 하거나 이기주의자에게는 경멸을 보낸다.

헬렌 다나 리 토머스 부처는《종교 지도자의 일생》이라는 공동 저서에서 공자에 관해 다음과 같이 서술하고 있다.

"공자는 결코 해박한 지식에 의해서 사람을 현혹하려고 하지 않았다. 그는 다만 모두를 포용하는 박애에 의해서 사람들을 교화하려고 했을 뿐이다."

만일 우리가 모두를 포용하는 박애 정신을 갖는다면, 청중의 마음의 문을 여는 열쇠를 손에 넣을 수 있을 것이다.

스피치 방법의 실천

이번에는 일반적인 두 가지의 대화술,
즉 간단한 연설과 갑작스런 연설의 방법을
자세히 검토해 보자.
1장은 준비된 간단한 연설에 관해서이다.
설득을 목적으로 하는 연설,
모르는 것을 가르치는 것을 목적으로 하는 연설,
확인을 더욱 깊게 할 목적으로 하는 연설
등이 포함되어 있다.
2장에서는 갑작스런 연설에 대해서 논한다.
어떤 때, 어떤 장소에서라도 연사로서
지명받았을 경우에 응용되는 것으로서,
그때그때의 형편에 따른 순발력을
목적으로 하고 있다.
어떤 경우에 있어서도 이야기하는 사람이
상대방에게 쉽고 체계적으로 인식시킬 수만
있다면 성공은 확실하게 보증될 수 있다.

Public speaking and Influencing men in business

01

행동으로 옮기게 하는 방법

Public speaking Influencing Men in Buiness

어느 유명한 영국의 주교가 제1차 세계대전 중에, 캠프 아프튼에서 병사들에게 이야기를 하였다. 병사들은 전선으로 가는 도중이었다. 그러나 그 주교의 연설은 자신들이 왜 전쟁터로 가야만 하는지 분명히 알고 있는 병사들에게는 가르칠 필요가 없는 내용이었다.

그 주교는 '국제 친선'이나 '세르비아가 하루를 맞는 곳에서 사는 권리'에 대해서 설교했다. 그런데 대부분의 병사들은 세르비아가 마을 이름인지, 그렇지 않으면 질병 이름인지 전혀 몰랐다. 오히려 성운설星雲說에 대한 학설을 이야기하는 편이 좋았을지도 모른다.

그런데 주교가 이야기를 하는 동안, 그 집회실을 나간 병사는 한 사람도 없었다. 그도 그럴 것이, 그들이 도망치지 못하도록 문이란 문은 모두 헌병이 지키고 있었기 때문이다.

나는 그 주교를 비난하려는 것은 결코 아니다. 그 집회가 성직자들의 모임이었다면 아마 절대적인 영향력을 발휘했을 것이다. 그러나 병사를 상대로 해서는 실패한 것이다. 그것도 완전한 실패였다. 왜 그럴까?

그것은 주교가 자기 이야기의 정확한 목적 달성 방법을 몰랐기 때문이다.

이야기의 목적은 무엇인가?

모든 이야기는 다음의 네 가지 주요 목적을 반드시 갖고 있다.

① 행동으로 옮기도록 설득할 것.
② 지식이나 정보를 제공해 줄 것.
③ 감명을 주어 마음가짐을 올바르게 갖게 할 것.
④ 즐겁게 해 줄 것.

이에 관하여 링컨의 이야기를 해 보겠다. 좌초된 선박을 인양하는 장치를 그가 발명하여 특허를 받은 사실을 아는 사람은 별로 없다.

그는 자기의 법률 사무소에서 가까운 곳에 있는 기계 공장에서 스스로 그 장치의 모형을 만들었다. 친구가 그 모형을 보려고 사무소로 찾아오면 그는 친절하게 설명하곤 했다. 이 설명의 첫째 목적은 '지식이나 정보를 제공하는 것'이다.

게티즈버그에서 불멸의 연설을 했을 때, 전후 2회의 대통령 취임 연설을 했을 때, 또 헨리 클레이의 서거 당시 추도사를 했을 때의 목적은 '감명을 주고 마음가짐을 올바르게 갖게 할 것'에 관해서이다.

변호사로서 배심원들을 상대로 이야기할 때의 링컨의 목적은, 유리한 판결을 내리도록 하는 것이었다. 그리고 정치적인 연설의 경우는 표를 많이 얻는 것이 목적이다. 다시 말하면 청중에게 '행동으로 옮기게끔 설득할 것'을 목적으로 한 것이다.

대통령으로 선출되기 2년 전, 링컨은 발명을 주제로 강연을 하러 다녔다. 그 목적은 사람을 '즐겁게 해 주는 것'이었다.

그러나 이것은 그리 잘되지 않았던 것 같다. 실제로 통속적인 강사로서의 링컨은 완전한 실패였다. 그의 강연을 듣고자 하는 사람이 하나도 없을 정도였다.

그러나 다른 연설에서는 대단한 성공을 거둬, 그 중의 몇 가지는 감동적인 연설의 고전으로 남아 있기도 하다.

왜 그럴까? 그것은 링컨이 자기의 목적을 분명히 하고, 그것을 달성하는 방법을 알고 있었기 때문이다.

그러나 세상에는 자기가 초대된 모임의 목적에 상응·조정하지 못하기 때문에 허둥지둥 실패하는 사람들이 적지 않은 것이다.

예를 들어, 어느 국회의원은 뉴욕 경기장에서 비난과 야유를 당하고 도중에 단상을 내려와야 했다.

그 원인은 그가 교훈적인 이야기만을 지루하게 계속했기 때문이었다. 물론 무의식적으로 그랬겠지만, 결코 현명한 짓은 아니다. 청중은 교육을 받고 싶은 생각이 없었다. 단지 즐기고 싶었던 것이다.

그들은 10분이나 15분 동안은, 어서 이야기가 끝났으면 하는 마음에서 꾹 참으며 얌전히 듣고 있었다. 그런데 끝날 것 같은 기색은 없었고, 더듬더듬 이야기를 계속할 뿐이었다.

청중은 그 이상 참고 있을 수가 없게 된 것이다. 누군가가 심한 야유를 던졌다. 그러자 다른 사람들도 휘파람을 불기도 하고 소리를 지르기도 하면서 야유했다.

청중을 감동시키지 못하는 연사는 이야기를 지속시킬 수 없다. 계속 이야기하면 불쾌감만 조성시킬 뿐이다. 마침내 청중들의 초조는 분노로 변했다.

청중은 그를 침묵케 해야겠다고 결심했다. 야유의 목소리는 드디어 높아졌다. 결국 그 소리는 연사의 말을 억압하여, 바로 앞에 앉은 사람들에게도 들리지 않게 되고 말았다. 이렇게 되자 연설을 단념하지 않을 수 없었다. 그는 패배를 인식하고 천천히 단상에서 물러났다.

이러한 실례를 잘 생각해 보자. 당신의 이야기의 목표를 청중과 집회의 성질에 부합되도록 하라. 만일 이 의원의 연설이 정당 대회에 모인 청중의 목적에 합치되는지를 사전에 잘 검토하였다면 그러한 파국에는 이르지 않았을 것이다. 청중과 집회의 성질을 분석한 후, 앞에서 밝힌 네 가지 목적 중에서 하나를 택해야 했다.

이 장에서는 우선 행동으로 옮기게 하는 간단한 연설의 방법을 다루었다. 나머지 세 가지는 다음 장에서 다룰 것이다. 우선 청중을 행동하게 하려면 어떻게 해야 되는지에 대해 함께 연구해 보자.

그러면 청중에게 잘 전해지고, 실제 행동할 수 있는 재료를 정돈하고 조립하는 방법은 무엇일까?

나의 강의가 전국에 널리 행해지던 1930년 무렵, 나는 수강자의 연설을 한 사람당 한 번으로 간략하게 제한했다. 이 제한은 이야기하는 목적이 청중을 즐겁게 해 주는 데 있었다면 별 필요가 없었을 것이다.

그러나 사람을 행동케 하는 것이 목적인 경우에는 다르다. 서론·본론·결론 순서의 옛날 스타일, 즉 아리스토텔레스 이래 연설가들이 응용해 온 구성법으로서는 효과를 가져올 수 없다. 행동으로 옮기게 하는 목적의 연설에는 다른 새로운 방법—단 몇 분 동안 이야기를 듣고도 행동케 할 수 있는 확실한 방법이 필요하다.

우리들은 시카고, LA, 뉴욕에서 집회를 가졌다. 강사들은 전원 출석할 것을 요청받았다. 그 중에는 일류 대학에서 변론 분야를 강의하고 있는 교수도 적지 않게 있었다. 회사의 고위직에 있는 사람도 있었고, 급속히 성장되어 온 광고 회사의 직원들도 있었다.

이들의 지식과 지위와 경험을 배경으로 이야기의 새로운 구성법을 발견하고자 했던 것이다. 능률적으로 청중을 행동케 하는, 합리적이면서 동시에 심리학적이고 새 시대의 요구를 반영하는 방법을 발견하고 싶었던 것이다.

우리들의 기대는 어긋나지 않았다. 이와 같은 토의에서 대화술의 구성법에 관한 '마법의 공식'이 태어난 것이다. 우리는 강의에서 곧 그것을 사용하기 시작했고, 또 그 후 오늘날에 이르기까지 사용하고 있다.

그럼 마법의 공식이란 무엇일까?

우선 이야기의 첫머리에 구체적인 실례, 즉 청중에게 전해야겠다고 생각하는 중요한 문제를 눈에 보이는 것처럼 제시할 수 있는 능력을 가지고 있어야 한다.

둘째는, 명확한 언어를 사용해서 요점을 밝히고 청중에게 바라는 바를 정확하게 전달해야 한다.

셋째, 그 이유를 밝히는 것이다. 즉, 어떤 이익이 얻어질 수 있는가에 초점을 맞추는 것이다.

이와 같은 것은 현대와 같은 스피드 시대에 참으로 적절한 방법이다. 이야기하는 사람은 긴 이야기를 늘어놓을 여유가 없다. 청중은 모두 분주한 사람들이므로 이야기하고 싶은 것이 있으면 단도직입적으로 해 주기를 바라고 있다.

사람들은 사실을 정면으로 부딪치는 것 같은 이야기의 방법이나 문장을 쓰는 방법에 익숙해져 있다. 그들은 간판이나 TV·잡지·신문 등의 간단 명료한 광고 문구를 매일 접하며 산다. 한 마디 한 마디가 계산되어 있어 필요 없는 것은 하나도 없다.

마법의 공식을 사용하면 반드시 청중의 주의를 끌고, 이야기의 요점에 집중시킬 수 있게 될 것이다.

"시간이 없었기 때문에 준비가 미약합니다."

"의장으로부터 이 문제에 대하여 이야기하도록 지명받았을 때, 왜 나처럼 부족한 사람을 지명하셨는지 무척 의아스러웠습니다."

이와 같이 마음에 없는 말로 이야기를 시작하는 것은 금물이다. 청중은 사죄나 변명에는 흥미를 느끼지 않는다. 그들은 행동을 바란다. 마법의 공식을 사용하게 되면 입을 열자마자 곧 청중의 마음 속으로 뛰어들 수가 있다.

이 방식은 짧은 이야기에는 이상적이다. 왜냐 하면 그것은 어느 정도의 긴박감을 기본으로 하고 있기 때문이다. 듣는 사람은 당신의 이야기에 이끌리지만, 2, 3분이 지나도록 이야기의 요점이 무엇인지를 모른다.

청중에게 무엇인가를 요구할 경우에는 긴박감을 느끼게 하는 것이 성공에의 필수 조건이다.

"여러분, 제가 여기 온 것은 여러분들께서 한 사람당 5달러씩 기부해 달라고 부탁하기 위해서입니다."

이렇게 말한다면 아무것도 이룰 수 없다.

그러나 이야기하는 사람이 병원을 방문했을 때의 이야기, 즉 돈이 없어서 수술을 받지 못하는 불쌍한 이들의 이야기를 꺼내어 청중의 가슴을 뭉클하게 만든 다음에 5달러의 기부금을 부탁한다면, 청중의 지지를 받을 확률은 한층 높아진다.

리랜드 스토가 〈어린이를 위해서 국제연합에 호소함〉이라는 제목으로 그 뜻을 이루기 위해 어떤 방법을 이용했는지 살펴보기 바란다.

나는 그런 일이 두 번 다시 없기를 진심으로 기도를 드리고 있습니다. 아이들이 죽지 않으려고 한 알의 땅콩을 집어먹어야만 하는 비참한 일이 또 어디에 있겠습니까? 나는 여러분이 그러한 일을 직접 경험해 보면 나를 충분히 이해하리라 믿습니다.

지난 1월 어느 날, 폭격의 상처를 미처 완전하게 수습하지 못한 아테네의 노동자 주택지에서 만일 여러분들이 그들의 원성을 듣고 눈으로 보았다면……. 그때 나는 반 파운드의 땅콩 통조림밖에는 가진 것이 없었습니다. 그 뚜껑을 열려고 할 때, 넝

마를 걸친 10여 명의 아이들이 필사적으로 나에게 덤벼들었습니다.

갓난아기를 안은 어머니가 많은 사람을 헤치고 나와서, 나의 손에 갓난아이를 내밀었습니다. 그러나 뼈와 가죽뿐인 작은 손은 흔들리지도 않았습니다. 나는 땅콩을 한 알 한 알 될 수 있으면 많은 아이들에게 돌아가도록 나누어 주었습니다.

아이들은 미친 듯이 달려들었고 나중에는 애원하는 손, 땅콩을 차지하려는 손, 절망적인 손, 모두가 애처로운 작은 손에서 땅콩 여섯 알이 땅으로 떨어졌습니다.

그러자 갑자기 나의 발밑에는 마르고 쇠약한 어린 몸들이 격렬하게 한데 엉겼습니다. 또 다른 손에 땅콩을 한 알, 또 다른 하나의 손에 한 알, 쭉 뻗어서 애원하는 수많은 손, 손, 희망의 빛이 금방이라도 사라져 버릴 것 같은 수많은 눈. 나는 속이 텅 빈 통조림 통을 한손에 들고 우뚝 서 있었습니다.

그렇습니다. 나는 여러분 자신에게 이와 같은 일이 일어나지 않도록 기도할 뿐입니다.

이 마법의 공식은 상업 문구를 쓴다든가, 고용인이나 부하에게 지시를 할 때에도 이용할 수가 있다. 어머니가 아이들에게 무엇인가를 시키려고 생각할 때나 아이들이 부모에게 무엇인가를 요구할 때에도 이용할 수가 있다.

이와 같은 마법의 공식을 이용하면 일상 생활에서 타인에게 당신의 생각을 전할 때는 언제든지 유효한 도구가 될 것임을 알게 될 것이다.

광고 분야에서 이 마법의 공식은 항상 이용되고 있다. 에버레디 배터리 사가 TV와 라디오에서 이 방식을 응용한 일련의 광고를 내어 대단한 효과를 거둔 적이 있다.

아나운서가 갑자기 전복된 자동차 속에 갇혀 있던 사나이의 체험담을 이야기한다.

그 사고를 눈으로 보는 것처럼 서술한 다음 피해자와 인터뷰를 하고, 에버레디 배터리를 사용한 작은 전등 불빛 때문에 구조되었다는 것을 이야기한다. 그리고 계속 아나운서는 다음과 같이 이야기한다.

"에버레디 배터리를 사용해 주십시오. 그러면 이와 같은 재난을 무사히 벗어날 수 있습니다."

이것은 에버레디 배터리 사에서 수집해 놓은 많은 실화 중 하나이다.

이 일련의 선전에서 에버레디 배터리가 얼마만큼 팔렸는지는 내가 알 바 아니지만, 이 마법의 공식은 듣고 있는 사람들에게 별로 필요치 않는 데도 흥미를 갖게 하는 효과적인 방법임을 증명하고 있다.

자, 그러면 이제부터 그 계단을 하나씩 올라가 보자.

직접 경험한 것을 실례로 들어라

심리학자들은 이 배움의 방법에는 '반복의 법칙'과 '효과의 법칙'이 있다고 주장한다. 비슷한 사건의 연속은 행동 양식의 변화를 가져온다는 것이 '반복의 법칙'이며, 어떠한 일에서 강한 인상을 받았을 때 우리에게 변화를 가져온다는 것이 '효과의 법칙'이다.

당신은 한 번쯤 이상한 일을 경험한 적이 있을 것이다. 이와 같은 경험은 기억의 표면에 깔려 있는 것이므로 노력하지 않아도 쉽게 생각해 낼 수가 있다.

행동은 경험에 따라 좌우된다. 마찬가지로 이 경험을 눈앞에 보이듯이 재현하는 데 따라 다른 사람들의 행동에도 영향을 줄 수 있다.

그 이유는, 인간이라는 존재는 실제로 일어난 언어에 대해서 비슷한 반응을 나타내기 때문이다. 그러므로 당신 이야기에서, 처음에 당신에게 일어난 것과 같은 효과를 청중에게 기대한다면 당신의 경험을 재생시켜야 한다.

즉, 당신의 청중이 흥미를 느끼고 거기에 움직이지 않으면 안될 것 같은, 선명하고 강렬하고 드라마틱하게 이야기해야 한다. 당신의 이야기를 선명하고 강렬하고 의미 깊게 하는 데 도움이 되는 몇 가지를 제시해 보겠다.

– 실제로 겪은 경험을 이야기하라

묘사를 주로 하는 실례는 당신의 인생에 극적인 충동을 안겨 주었던, 유일무이한 우발적인 일을 이용하는 것이 한층 효과적이다. 비록 순식간에 일어났다 할지라도 그 짧은 시간에 당신은 잊어버릴 수 없는 교훈을 배웠던 것이다.

얼마 전, 수강생 중의 한 사람이 전복된 보트에서 해안을 향하여 헤엄칠 때의 두려웠던 경험에 대해서 이야기했던 적이 있다. 그 덕택으로 청중들은 모두 한 가지를 분명히 배웠다. 만일 그들이 그와 똑같은 재난을 당한다면 이 이야기하는 사람의 충고에 따라서 구조를 받을 때까지 전복된 보트에서 함부로 떨어지지 않을 것이라는.

나의 경우에는 동력 제초기 때문에 아이들과 함께 뒹굴었던 두려운 경험이 있다. 그 사건은 나의 마음에 뚜렷이 남아 있기 때문에, 그때부터 아이들이 제초기 근처에서 놀고 있을 때는 언제나 철저히 주의시킨다.

우리 강사들 사이에도 자기가 맡은 학급에서 들은 이야기에 강한 인상을 받고, 똑같은 사고가 가정에서 일어나는 것을 피하기 위해서 조치를 취한 예가 적지 않다.

예를 들면 취사 중의 사고에서 일어난 비극적인 화재를 선명하게 재현한 이야기를 들은 강사는 부엌에 소화기를 갖추게 된다.

아이들이 한 손에 극약이 든 병을 들고 욕실로 들어가는 것을 발견했을 때 아슬아슬했던 어느 어머니의 경험담에 자극을 받아 극약이 들어 있는 병에는 모두 표지를 붙여서 아이들의 손에 닿지 않는 곳에 두게 되고 주의를 기울이게 된다. 즉, 결코 잊을 수 없는 교훈을 당신에게 가르쳐 준 경험이 다른 사람을 행동케 하는 설득력 있는 이야기로 가장 적절하다.

이러한 충격적인 경험을 이용하면 반드시 청중을 움직일 수 있게 된다. 당신의 신상에 일어난 일이라면 그것은 청중 개개인에게도 일어날 수 있으며, 만일 그렇다면 당신의 충고에 따르는 것이 현명하다고 결론 짓는 것이다.

– 구체적인 묘사로 이야기를 시작하라

우선 실례를 들어서 이야기를 시작해야 하는 이유 중의 하나는, 청중의 주의력을 즉시 붙잡기 위해서이다.

처음부터 주의를 끌지 못했던 연설들은 대부분 첫마디가 청중에게 아무런 흥미도 끌지 못하는 반복적인 문구이거나 상투적이고 단편적인 말이기 때문이다.

"나는 사람들 앞에서 이야기하는 데 익숙하지 못해서……."

하고 시작하는 것은 특히 사람의 마음을 상하게 하고, 또한 평범한 방법으로는 주의를 끌기 힘들다.

이야기의 주제에 대해 중얼중얼 이야기하다가 완벽하게 준비하지 않았다는 것을 청중에게 고백한다거나 고백하지 않더라도, 청중은 즉시 그 사실을 발견할 것이지만, 화제가 되는 요점을 마치 설교하는 목사처럼 선언하는 것은 피해야 한다.

권위 있는 잡지나 신문의 집필자들에게서 힌트를 얻어라. 처음부터 구체적인 실례로 이야기를 시작해야 한다. 그렇게 하면 즉시 청중의 주의를 끌 수 있을 것이다.

여기에 나의 관심을 끈 몇 가지 예가 있다.

"1942년 어느 날 번쩍 눈을 뜨고 보니 나는 병원의 침대 위에 누워 있었습니다."

"어제 아침 식탁에 앉았을 때, 나의 아내는 커피를 끓이고 있었는데……."

"작년 7월, 나는 42번 고속도로를 화살처럼 빠른 속도로 차를 몰고 있었습니다."

"사무실의 문이 열리며 부장인 채피 번즈가 뛰어들었습니다."

"나는 호수에서 고기를 낚고 있었습니다. 번쩍 얼굴을 들자, 모터 보트가 이쪽으로 곧바로 오는 것이 눈에 띄었습니다."

누가·언제·어디서·무엇을·어떻게·왜 중에서 어느 것인가에 대답하는 것 같은 문구로 이야기를 시작하는 것은 시대에 뒤떨어진 수법이다.

"옛날 옛날에……."

하는 첫마디는 상상력의 문을 여는 주문이다. 이런 방법으로 청중의 관심을 처음부터 휘감아 보라.

― 실례에 적절한 세부 묘사를 삽입하라

세부적인 묘사라고 해서 너절하게 늘어놓으라는 것이 아니다. 필요성이 없는 세부적인 것을 지루하게 묘사하는 것은 절대로 좋지 않다.

이야기의 요점이나 이유를 강조하는 데에서 세밀히 묘사하라는 것이다.

예를 들어 긴 여행을 떠나기 전에 차를 점검해야 한다는 것을 말하고 싶을 때는, 여행을 떠나기 전에 차를 점검하지 않았기 때문에 생긴 사고에 대해 자세히 묘사하면 된다. 풍경이 아름답다거나 목적지에 도착해서 어느 곳에 머물렀다는 것을 일일이 이야기하면, 요점을 흐리게 하여 주의력을 분산시킬 뿐 아무런 효과도 없다.

구체적이고 생생한 언어로 세부적으로 표현하는 것이 사건을 청중에게 그대로 전해 주는 최상의 방법이다. 부주의로 사고를 일으켰던 일이 있다는 단순한 말로는 듣는 사람에게 강한 느낌을 주지 못한다.

그러나 감각에 호소하는 언어만을 사용해서 당신이 경험했던 두려운 일을 묘사한다면, 그 우발적인 일은 충분히 청중의 의식에 새겨질 것이다. 그 한 예로써, 겨울철 도로에는 더욱더 주의가 필요하다는 것을 생생하게 묘사해 보인 어느 수강생의 이야기를 소개하겠다.

1949년, 크리스마스가 멀지 않은 어느 날 아침, 나는 인디애나 주의 41번 고속도로에서 북쪽을 향하여 차를 몰고 있었습니다. 아내와 두 아이들도 함께 타고 있었습니다.

우리들은 이미 몇 시간이나 거울처럼 미끄러운 빙판 위를 기어가듯 조심스레 가고 있었습니다. 핸들을 조금만 잘못 건드려도 차의 뒤쪽이 기분 나쁘게 옆으로 미끄러지곤 했습니다.

추월을 하려는 차는 하나도 없었고, 모든 차는 천천히 움직였습니다.

갑자기 얼음이 녹은 넓은 도로가 나왔습니다. 그래서 나는 늦은 시간을 만회하기 위하여 액셀러레이터를 밟았습니다. 다른 차들도 마찬가지였습니다. 누구든지 급히 시카고에 제일 먼저 가려고 서둘렀습니다.

긴장감이 풀리자 아이들도 뒷자리에서 노래를 부르기 시작했습니다.

도로는 밀림 지대의 비탈길로 접어들었습니다. 언덕 위로 올라왔을 때 차는 다시 속도를 높여 내달렸는데, 북쪽의 언덕은 아직 햇볕이 비치지 않았기 때문에 마치 하천과 같이 얼음이 깔려 있었습니다.

앞서 가던 두 대의 차가 미친 듯이 충돌하는 것이 한 순간 눈에 들어왔다고 생각되자, 나의 차도 미끄러지기 시작하면서 갈피를 못 잡았습니다. 전복되지는 않았습니다만, 눈이 쌓인 곳에 처박히고 말았습니다. 뒤따라오던 차도 옆으로 미끄러지면서 나의 차 옆에 충돌하고 문짝이 부서지며 유리 파편을 날렸습니다.

이와 같이 훌륭히 묘사했기 때문에 청중은 마치 자기가 그 장소에 있는 것처럼 충격을 받았다.

앞에서도 지적한 바와 같이 연설을 준비하는 과정은 누가·무엇을·언제·어디서·어떻게·왜라는 질문에 대한 답을 재편성하는 것에 불과하다. 당신은 말로써 상황을 묘사하여 청중의 시각적 환상을 자극해야 한다.

– 과거의 경험을 이야기하면서 그것을 다시 체험하라

생생한 묘사를 하면서 이야기하는 사람은 자기가 말하고 있는 경험을 다시 체험해야 한다.

위대한 연사는 연극적인 감각을 갖고 있다. 이것은 특별한 재능도 아니고, 또 웅변가들에게서만 볼 수 있는 것도 아니다.

아이들은 대부분 풍부한 재능을 가지고 있다. 우리들 주변에도 사람의 흉내나 팬터마임 같은 뛰어난 감각을 가진 사람이 많다. 이것은 어떤 것을 극화하는 재능의 일부이다. 누구든지 이와 같은 재능을 발휘할 수 있다.

제스처와 흥분을 당신의 경험담에 조성해 넣으면 넣을수록 듣는 사람에게 주는 인상은 아주 강하게 된다. 아무리 자세하게 묘사를 해도 이야기하는 사람이 실감나게 재현하지 않는다면 효과를 얻을 수 없다.

화재에 관한 것을 이야기한다면 소방수가 불길과 싸우고 있을 때의 긴장감 있는 상황을 전해야 한다.

이웃 사람과 싸웠던 때의 일을 이야기한다면, 그때의 일을 다시 체험하듯이 극화해야 한다. 물에 빠져 좌절했던 공포의 한 순간을 이야기할 때 어떻게 해서든 그 두려운 절망감을 듣는 사람에게 느끼게 해야 하는 이유는 당신의 이야기를 잊어버리지 않도록 하기 위해서이다.

그 실례가 마음 속에 깊이 간직되어 떠나지 않는 한, 청중은 당신의 이야기와 당신이 충고한 것을 잊어버리지 않을 것이다. 사람들이 조지 워싱턴의 정직함을 생각해 내는 것은, 위인전에서 본 벚나무 사건이 재미있고 인상적으로 묘사되어 있기 때문이다.

신약성서는 구체적인 실례를 풍부히 사용했기 때문에 읽는 이들을 더욱 감명 깊게 한다. '착한 사마리아 인'의 이야기가 그 좋은 예이다.

경험담을 실례로 사용하는 것은 이야기를 기억에 남게 할 뿐만 아니라, 보다 재미있고 설득력이 있으며 이해하기 쉽게 만든다. 인생이 당신에게 가르친 교훈적인 체험담은 청중에게는 신선하게 받아들여지는 것이다.

여기까지 오면, 우리들은 마법의 공식 제2단계 관문 앞에 서 있게 된다.

– 선명하게 요점을 말하라

전체 이야기의 4분의 3은 실례를 충분히 인용하는 것이 좋다. 주어진 시간이 2분이라면, 나머지 약 20초 동안에 청중에게 하고 싶은 부탁과 그것에 의해서 얻어지는 이익을 납득시켜야 한다. 자세하게 설명할 필요는 없다. 솔직하게 이야기하면 된다. 이것은 신문의 테크닉과는 반대이다.

제목을 처음에 놓는 것보다 우선 이야기를 하고 요점, 즉 바꿔 말하면 행동으로 옮길 것을 강조해야 한다. 이 단계는 세 가지의 법칙을 지배한다.

– 요점은 간단 명료하게 하라

꼭 이행해 주었으면 하고 바라는 것을 청중에게 알리려면, 엄밀하고 정확하게 말하지 않으면 안 된다. 사람들은 명백하게 이해되는 것만을 이행해 줄 뿐이기 때문이다.

청중이 당신의 실례에 의해서 직접 행동하려 할 때 이제 그 기회를 최대한으로 살려야 한다.

요점은 전보의 문구를 쓸 때처럼 말수를 줄이고, 될 수 있는 대로 간단하게 표현하는 것도 방법이 된다.

"지방의 고아원에서 고생하는 병자들에게 구원의 손을!"

이라고 해서는 안 된다. 그것은 너무도 개념적이기 때문이다.

다음과 같이 구체적으로 말해야 한다.

"이번 주에 당신의 할아버지를 방문해 주십시오."

그리고,

"나라를 사랑합시다."

라고 하기보다는,

"다음 주 화요일에는 꼭 투표해 주십시오."

하고 말하는 것이 좋다.

– 구체적으로 이야기하라

어떤 문제이건 청중이 이해하기 쉽고 행동하기 쉽게 표현해

주는 것이 이야기하는 사람의 의무이다. 그러기 위한 최선의 방

법은 구체적으로 이야기를 하는 것이다.

사람들의 이름을 외울 수 있는 능력을 키우고 싶다고 생각한

다면,

"자, 이제부터 이름을 외우는 기억력을 증진시켜 봅시다."

라고 말해서는 안 된다. 그것은 너무나도 개념적이므로 실행하

기가 곤란하다. 한번 이렇게 말해 보라.

"앞으로 사람을 만나면, 5분 이내에 그 사람의 이름을 5회

정도 반복해 보십시오."

요점을 구체적으로 제시하는 사람은 일반론에 의지하는 사람들보다 더 쉽게 청중을 움직일 수 있다.

"이곳에 입원하고 싶은 분은 카드에 서명해 주십시오."

하는 것이, 다만 막연하게 입원하고 있는 친구들에게 편지를 써서 보내는 것보다 훨씬 효과가 있다.

요점을 긍정적으로 말하느냐무엇을 할 것이다, 그렇지 않으면 부정적으로 말하느냐무엇을 하지 않을 것이다는 그때그때의 상황에 의해서 결정하라. 대체적으로 부정적으로 말하는 것이 적은 효과를 내지만, 때로는 그것이 긍정적으로 호소하는 것보다도 설득력이 있는 경우도 있다.

– 확신을 가지고 이야기하라

'요점'은 이야기의 매듭이다. 그러므로 강력한 확신을 가지고 말해야 한다. 신문의 표제를 고딕체의 활자로 눈에 띄게 하는 것처럼, 행동으로의 요구는 생생한 어조로 솔직하게 강조해야 한다.

당신은 청중에게 최후의 감동을 주려는 것이다. 청중에게 이렇게 행동하는 것이 좋다고, 당신이 호소하고 있는 진지함을 정중하게 느끼게 하는 것이다. 의뢰하는 것 같은 분위기는 좋지 않다. 그리고 '마법의 공식' 제3단계에 해당하는 말들을 갖추고 있어야 한다.

행해야 하는 이유와 얻어지는 이익을 제시하라

여기에서도 또한 간결과 요약이 필요하다.

이 단계에서는 당신이 요구한 것을 실행하면 어떠한 이익이 얻어지는가를 분명하게 밝혀야 한다.

– 이유는 실례와 연결시키라

웅변술에 있어서의 청중 유도에 대해서는 이제까지 여러 가지로 서술되었다.

이번 장에서 다루는 '행동을 유발하는 짧은 이야기'의 경우, 행동해야 하는 이유를 밝힘과 동시에 그 행동에 의해 얻어지는 이점을 간결하고 명확하게 강조해야 한다. 이때 가장 중요한 것은 '실례'를 제시한 것과 연결시키는 것이다.

중고차를 사는 것으로써 돈이 절약되었다는 경험을 이야기 하면서 청중에게도 중고차를 사도록 권할 때 청중도 이익을 얻을 수 있음을 강조하고, 중고차 중에는 최신형 차보다도 오히려 스타일이 좋은 것이 있음을 알려서 처음에 들은 실례에서 벗어나서는 안 된다.

– 명쾌한 이유를 들라

대부분의 세일즈맨은 왜 그 물건을 사야 하는지 대여섯 가지 이유를 제시한다.

그러나 여러 가지 이유를 제시하는 것보다는 간단 명료하게 한 가지만을 얘기하고, 거기에 초점을 맞추는 것이 좋다. 이야기는 모든 사람들에게 읽히고 있는 잡지의 광고 문안처럼 명쾌해야 한다.

재치가 번뜩이는 광고문을 연구해 보면, 이야기의 '요점'과 '이유'를 다루는 능력을 향상시키는 데 도움이 될 것이다.

발행 부수가 많은 잡지의 경우, 사야 하는 이유를 두 가지 이상 지적하고 있는 광고는 드물다. 동일한 회사가 어떤 제품에 관해서 광고할 때 하나의 광고 안에서 각기 다른 어필을 하지 않음을 알 수 있다.

매스 미디어를 통해 눈으로 보는 광고를 연구하고 그 내용을 분석해 보면, '마법의 공식'이 소비자를 설득해서 물건을 구입하게 하는 데 무엇보다 많이 사용되고 있다는 것에 놀라지 않을 수 없다.

그리고 그것이 광고나 커머셜^{방송 사이에 넣는 선전 문구} 전체를 하나의 묶음으로 만들어 놓는 '관계'의 리본이라는 것을 알게 될 것이다.

실례를 드는 방법에는 이 외에도 여러 가지가 있다. 전시물을 사용하는 것이나 실제로 해 보이는 것, 그리고 권위자의 말이나 비교·통계의 이용 등이다. 이런 것에 대해서는 다음 장에서 좀더 상세하게 설명하겠다.

이 장에서는 개인적인 경험으로 실례를 드는 방법을 다루었다. 행동에 옮기게 하는 간단한 연설의 방법으로, 한결 쉽고 더욱 흥미 있으며, 극적이고 설득력 있는 방법을 다음 장에서 소개하겠다.

02

지식과 정보를 제공하라
Public speaking Influencing Men in Buiness

　　다른 사람의 입장을 난처하게 만들 정도로 엉뚱하게 이야기하는 사람을 독자들도 만나본 적이 있을 것이다. 내가 아는 사람은 정부의 고관이었는데, 무엇을 이야기하는지도 모르면서 그저 한없이 계속 지껄였다. 조사위원회의 회의에서도 목적 없이 분명치도 않은 이야기를 하여 위원회를 혼란시키곤 하였다.

　그럴 즈음, 사무엘 제임스 어빈 주니다라는 위원이 노스캐롤라이나 주에서 선출된 상원의원 대표로서 발언할 기회를 얻었다. 그는 참으로 훌륭한 발언을 했다.

　어빈 의원은 방금 고관의 이야기를 듣고 있는 도중에, 캐롤라이나에 살고 있는 어느 남자의 일을 생각해 냈다고 말했다. 그 남자는 변호사를 찾아가서 아내와 이혼하고 싶다고 수속을 의뢰했다는 것이다.

그 부인은 요리도 잘 하고 아내로서는 모범적임을 그 남자도 인정하고 있었습니다.

"왜 훌륭한 부인과 이혼하려고 하십니까?"

하고 변호사는 물었습니다.

"말을 하기 시작하면 끝이 없습니다."

하고 남자는 대답했습니다.

"무슨 이야기를 합니까?"

"바로 그것이 문제입니다."

"무슨 이야기를 하고 있는지 도저히 알 수 없습니다."

무슨 이야기를 하고 있는지 모른다는 것은 종종 많은 연사들에게도 발견할 수 있다. 청중은 이와 같은 사람의 이야기를 도저히 이해할 수 없다. 무엇을 말하고 있는지 전혀 알 수가 없기 때문이다.

1장에서 여러분은 청중의 행동을 유발하는 짧은 이야기를 하는 방법을 배웠다. 이번에는 청중을 움직이는 것이 아니고, 청중에게 무엇인가를 알려 주려고 할 때 그것을 명확하게 전달하는 데 도움이 되는 방법을 가르쳐 주기로 하겠다. 명료하게 이야기하는 능력은 사람들을 감동케 해서 행동을 유발시키는 능력에 선행하는 것이 된다.

자기 자신을 타인에게 이해시키는 능력을 발전시킬수록 그 사람은 사회인으로서 성공의 길을 개척하는 것이다.

간단한 일에도 상호 협력하는 것이 필요한 현대 사회에 있어서는, 서로 이해하는 것이 무엇보다도 필요하다는 것은 재론할 여지도 없다. 말은 이해의 중요한 전달 수단이므로, 우리들은 그것을 명확하게 사용하도록 배워야 한다.

이 장에서는 청중이 당신을 이해하기 쉽도록 말을 분명하고도 명확하게 사용하는 데 힘이 되는 몇 가지를 소개하겠다.

루드비히 비트겐쉬타인은 이렇게 말했다.

"사고력을 키우고 싶으면 명확하게 사고하는 방법을 알아야 하고, 말로써 그것을 정확하게 표현하는 방법을 배워야 한다."

시간에 맞추어서 얘기하라

윌리엄 제임스 교수는 교사들을 상대로 강의를 하는 도중 잠깐 쉬면서,

"한 번의 강의에서는 하나의 논점밖에 밝혀내지 못한다."

라고 말했다. 제임스 교수가 말하는 한 번의 강의라는 것은 1시간의 강의를 말한다.

그러나 할당 시간은 3분인데, 스톱워치로 시간을 측정받고 있는 연사가 열한 가지의 요점에 관해서 말하는 경우가 있다.

즉, 한 가지 이야기에 할당되는 시간이 16.5초밖에 되지 않는

다는 결론이 난다.

대체로 교양 있는 사람들도 이 같은 어리석음을 자행하고 있다. 물론 이것은 극단적인 예인지는 모르지만, 이보다는 조금 낮더라도 이와 유사한 과오를 저지르는 사람이 많다. 그것은 여행자에게 파리를 하루 만에 안내하는 안내서와도 같다. 물론 해서는 안 될 것은 없지만.

미국의 자연 박물관을 30분 만에 돌아보겠다고 생각한다면 물론 돌아보지 못할 것도 없다.

많은 연사가 실패하는 이유 중 가장 큰 것이 할당된 시간 내에 너무 많은 것을 전하려 하기 때문이다. 마치 영양이 바위에서 바위로 재빠르게 뛰는 것같이 이야기를 터무니없이 비약하기 때문이다.

예를 들면 노동조합에 대해서 이야기할 때 불과 3분이나 6분간에 노동조합의 기원이나 전술 또는 그 해 공적이나, 나아가서는 노동쟁의를 어떻게 해결하느냐 등 여러 가지 문제를 한꺼번에 다루려고는 하지 말아야 된다.

만약 그렇게 한다면 누구도 당신의 말을 이해할 수 없을 것이다. 그것은 혼잡하고 애매해서 문제의 표면만을 겉돌다가 끝나고 말 것이다.

노동조합의 일면, 그 일면만을 들추어서 정확하게 설명하고 예증하는 것이 현명한 방법이다. 그와 같은 이야기는 인상적이고 명쾌하고 듣기 쉬워 곧 전달이 된다.

어느 날 아침, 모회사의 사장을 만나러 갔었는데 사장실 문에는 이제까지 들어본 적이 없는 이름이 씌어 있었다. 그것을 의아하게 생각하자, 그 회사의 인사부장으로 있는 내 친구가 이유를 설명해 주었다.

"그의 새로운 이름이야."

하고 나의 친구는 말했다.

"그렇다면 존스 회사를 지배하고 있는 존스 가의 사람이 아닌가?"

하고 나는 반문했다.

그러자 그는 다음과 같이 설명해 주었다.

"내가 말하는 것은 그의 별명이란 말야. '어디에 계시나'는 별명이지. 모두 그를 '어디에 계시나, 존스'라고 부르고 있네. 그는 전혀 참을성이 없어서 그의 사촌이 대신 자리를 차지하게 되었지.

그는 일에 대해서는 전혀 알려고 노력하지 않았네. 하루 종일 회사에서 무엇을 하고 있었는지 아나? 저쪽으로 갔다가, 이쪽으로 왔다가 매일 같이 사내를 걸어다닐 뿐이야. 보행 거리의 기록을 만들고 있는 것같이 말일세.

회사를 위해서 판매에 대한 공부를 하는 것보다는 발송계가 전등을 껐는지, 타이피스트가 떨어뜨린 압핀을 줍고 있는지를 보러 다니는 것이 중대한 일이라고 생각하고 있었네. 정말

사장실에 있는 일이 없었지, 그래서 그를 '어디에 계시나'로 부르게 된 것일세. 회사를 쫓겨나서 지금쯤은 과연 어디에 계신지……."

'어디에 계시나, 존스'의 경우와 유사한 많은 연사를 생각했다.

존스 씨는 자기 능력이 미치지 못하는 부분까지 참여하려 했다. 그러한 사람들의 이야기를 들은 일이 없는가? 그리고 그 이야기의 내용에서,

"도대체 이 사람의 부서는 어디일까?"

하고 의아스럽게 생각했을 것이다.

이러한 사람들은 맹목적이고 노력을 분산시키는 어리석음에 빠지기 쉽다.

당신은 그와 같은 실수를 범하지 말기를 바란다. 가장 중요한 주제로 이야기해야 한다. 자기 자신을 명확하게 표현할 수 있다면 청중은 언제든지 이렇게 말해 줄 것이다.

"나는 그를 이해할 수 있다. 지금 그가 어디에 있는지도 알 수 있다."

– 생각을 정리하라

모든 주제는 논리적인 순서로 발전시킬 수 있다. 예를 들면 시간적 순서에 따르는 주제는 과거·현재·미래의 범위에서 생각하면서 이야기를 계속 이어나갈 수 있다.

예를 들어 제조 공장에 관한 이야기라면, 재료의 단계로부터 시작해서 여러 가지 가공 공정을 거쳐서 완성품이 되기까지의 일을 차례로 설명할 수 있을 것이다. 어느 정도로 상세하게 말하는가는 물론 당신에게 허락된 시간에 의하여 결정될 것이다.

중심점을 정하고 그것을 기준으로 하여 정리하고 난 후에는 그 중심점에서 벗어난다든지, 동서남북과 같은 방위를 따라가든지 하면서 이야기를 전개시켜야 한다.

워싱턴 시를 묘사한다면, 청중을 국회 의사당의 옥상으로 안내해서 여기저기에 있는 흥미 있는 건물을 가리키며 설명할 수 있을 것이다. 또 제트 엔진이나 자동차를 묘사하는 경우에는, 분해해서 구성 부분을 상세히 설명하면 좋다.

주제 중에는 부동不動의 순서를 갖춘 것이 있다. 미합중국 정부의 기구를 설명하고자 할 경우에는 그것의 고유한 조직 규범에 따라서 입법·행정·사법 등 각 기관으로 구별해서 논하는 것이 현명하다.

– 요점에 순서를 붙여서 열거하라

청중의 마음 속에 당신의 이야기를 질서 정연하게 정리할 좀더 간단한 방법으로는 요점마다 순서를 붙이는 것이다.

"첫째 요점은 이런 것입니다……."

다음으로 넘어갈 때에도 이런 식으로 말하면 청중들은 좀더 체계적으로 당신의 이야기를 들을 수 있다.

랄프 J. 번티 박사가 유엔의 사무총장 보좌를 맡고 있을 당시, 뉴욕의 맨체스터 클럽에서 주최한 모임에서 다음과 같이 이야기했다.

"오늘밤 나는 두 가지의 이유에서 '인간 관계의 과제'라는 주제로 이야기하고자 왔습니다."

그리고 즉시 '첫째로……' 하고 시작했다. 그리고 조금 지나서 또 '둘째로……' 하고 잘라 말했다. 그 이야기의 전체를 통해서 번티 박사는 요점을 정리하면서,

"우리들은 선을 지향하는 인간의 신뢰를 결코 떨어뜨려서는 안 됩니다."

라고 강조했다.

이렇듯 처음부터 끝까지 간단 명료하게 이야기를 진행시켰다.

경제학자인 폴 H. 더글러스가 상업을 진흥시키는 수단을 강구하고 있던 상·하원 협동위원회에서 연설했을 때, 그는 이와 같은 방법을 변형해서 사용하고는 대단한 성과를 올렸다. 당시 미국에서는 상업 분야가 부진했었다.

그는 세금 전문가로서, 또 일리노이 주에서 선출된 상원의원의 자격으로 이야기한 것이다.

그는 이렇게 이야기를 시작했다.

"내 이야기의 요점을 좀더 빨리, 좀더 효과를 올리는 상업

진흥책은 하층 및 중류층의 소득계급, 즉 소비계층의 세금을 감면해 주라는 것입니다."

그리고 다음과 같이 이야기를 진행시켰다.

"특히……."

"다시 한 번……."

"덧붙여서……."

이어서 이렇게 정리했다.

"여기에는 세 가지 중요한 이유가 있습니다. 첫째는…… 둘째는…… 셋째는……. 요약한다면 구매력을 증가시키기 위해서는 하층 및 중류층의 소득계급의 면세책을 조급히 실시해야 합니다."

청중이 잘 알고 있는 것으로 비유하라

때때로 자기가 말하고자 하는 것을 설명하려고 해도, 말이 잘 떠오르지 않아서 당황할 때가 있다. 당신 자신은 분명히 알고 있는데도 그것을 청중에게 이해시키는 데는 여러 가지의 해설이 필요하다.

이럴 때는 말하고자 하는 것을 청중이 잘 알고 있는 것과 비유해 보는 것이다. 즉, '이 친숙하지 못한 것은 여러분이 잘 알고 있는 것과도 비슷한 것입니다'라는 식으로 이야기를 풀어가는 것이 좋다.

산업에 큰 공헌을 했던 화학 현상의 하나인 촉매에 대해서 이야기하고 있다고 하자. 촉매는 그 자체는 변하지 않고 다른 물질에 변화를 일으키게 하는 물질이다. 이것을 다음과 같이 설명하면 어떨까?

'촉매는, 교정에서 다른 아이들을 넘어뜨린다든지, 때린다든지, 노하게 한다든지, 부딪치면서 놀고 있을 때 그 누구에게 단 한 번도 맞지 않은 아이들과 같은 것이다.'

지난날 선교사들이 성서를 적도 아프리카에 살고 있는 한 부족의 방언으로 번역하고 있을 때, 원주민에게 미지의 것을 알기 쉬운 말로 고쳐야 한다는 어려움에 직면했다. 그들은 그 부족의 말 그대로 번역을 해도 문화의 차이 때문에 의미 전달이 될 수 없음을 곧 깨달았다.

예를 들어 다음 구절을 보자.

"너의 죄는 피처럼 붉어도 그것을 눈처럼 희게 정화할지니라."

이것을 문자대로 번역하면 될까? 원주민들은 정글의 이끼와 눈을 구별하지도 못했다. 그래서 선교사들은 그들의 생활을 잘 관찰했다. 그리고 그들의 주식인 코코넛 열매의 속이 눈처럼 희다는 것을 발견했다. 선교사들은 토인들에게 그들이 알고 있는 것과 비교해 번역했다.

"너의 죄는 피처럼 붉어도 그것을 코코넛의 살처럼 희게 정화합지니라."

− 회화적으로 표현하라

달까지의 거리는 어느 정도일까? 태양까지는? 제일 가까운 별까지의 거리는?

과학자들은 모든 수학을 사용해서 우주 여행의 문제에 대답할 것이다.

그러나 그것은 일반 청중에게 사실을 알려 주는 데에는 적합하지 않다는 것을 과학자나 작가들은 잘 알고 있다.

저명한 과학자인 제임스 존스 경은 우주를 개발하려는 인류의 열정에 큰 흥미를 갖고 있었다. 과학자들은 수학적인 지식에 통달하고 있지만, 일반인들은 그렇지 않기 때문에 수치만의 설명으로는 이해시킬 수 없음을 깨달았다.

경은 그의 저서 《우리들을 둘러싼 우주》에서 태양과 우리들을 둘러싼 혹성이 얼마나 먼 곳에 있는가를 자각하지 못하고 있다고 지적했다.

"제일 가까운 별이라도 25조 마일이나 떨어져 있습니다."
라고 설명하고는 이 숫자를 더 정확하게 하기 위하여 광속매초 18만 6천 마일으로 지구를 출발하였다고 해도 4년 3개월이나 걸린다고 설명했다.

이와는 대조적인 방법으로, 어떤 연사가 알래스카의 넓이를 설명했다. 즉, 구체적인 설명도 없이 알래스카의 넓이가 59만 804평방 마일이라고 얘기했다.

이런 숫자만으로 미국의 제49번째 주의 넓이를 상상할 수 있겠는가?

청중들은 도무지 이해할 수 없을 것이다. 그 사람이 알래스카의 넓이는 버몬드·뉴햄프셔·매인·매사추세츠·로스아일랜드·코네티컷·뉴욕·뉴저지·펜실베이니아·델라웨어·메릴랜드·웨스트 버지니아·노스캐롤라이나·조지아·플로리다·테네시 주를 합친 것보다 더 넓다고 설명했다면, 알래스카 주의 광대함이 확실히 느껴졌을 것이다.

즉, 알래스카에는 얼마든지 자유스럽게 활동할 수 있는 조건이 충분하게 갖추어져 있음이 누구에게도 납득된다는 것이다.

몇 해 전에 수강생 중 한 사람이 고속 도로에서 일어난 자동차 사고의 처참함을 마치 지옥의 그림을 보여 주듯이 설명했다.

"당신이 지금 뉴욕에서 로스앤젤레스를 향하여 대륙을 횡단하고 있다 합시다. 그 길가에 도로 표시 대신에 관이 서 있다고 생각해 보십시오. 그 관에는 작년에 일어난 자동차 사고의 희생자가 들어 있습니다. 당신의 자동차는 5초 사이에 1개씩 이 음산한 관을 스치듯 지나가고 있습니다. 그것을 마일당 12개씩 나누어 세웠으니, 대륙의 끝에서 끝까지 얼마나 많이 세워져 있겠습니까?"

그 이후, 나는 차에 오르는 순간 반드시 그 그림을 생생하게 눈앞에 그려보지 않을 수 없게 되었다.

그가 직접 본 충격적인 상황을 생생하고 조리 있게 얘기했기 때문에 듣는 사람도 간접적으로 그 현장에 있었던 것처럼 생각되었다.

이와 같이 어떤 사실을 회화적으로 설명하면 큰 효과를 가져올 수 있다.

– 전문 용어를 피하라

만일 당신이 변호사나 의사·기사, 그 밖에 고도로 전문화된 직업에 종사하고 있다면 그런 직업과 관계가 없는 사람들을 향하여 이야기할 때는 평범한 언어로 표현해야 한다. 꼭 전문 용어를 써야 할 경우에는 친절하고 쉽게 설명을 덧붙여야 한다.

그러나 이것을 인식하지 못하고 자기 혼자 흥분해서 떠들어대는 사람을 나는 많이 보아 왔다.

그들은 청중이 화자의 전문 영역에 대해서는 무지하다는 것을 전혀 마음에 두지 않는다.

그 결과는 어떻게 될까?

그들은 자기의 경험에만 적합하고 자기만의 위치에서 적당한 말을 이용해서 이야기를 전개시켜 나간다.

그러나 그 전문 영역에 친숙하지 못한 청중에게는 아이오와나

캔자스 개척지에 6월의 비가 내린 뒤의 미주리 강처럼, 그의 이야기는 탁해서 도저히 분별할 수 없는 언어의 나열에 불과하다.

이러한 실수를 저지르는 사람은 인디애나 주 출신의 상원의원인 비버리지가 경쾌한 필체로 쓴 충고를 잘 읽고 참고하라.

청중 중에서 가장 교양 없어 뵈는 사람을 찾아 그 사람이 당신의 이야기에 흥미를 갖도록 만드는 것은 좋은 연습이 된다. 그것은 사실을 명쾌하게 말하고, 생각의 줄거리를 분명하게 제시할 때 가능한 것이다. 더욱 좋은 방법은 부모님과 동석한 장소에서는 소년이나 소녀에게 초점을 두고 이야기를 하는 것이다.

자기를 향해서 이렇게 타일러 보라. 또는 청중을 향해서 큰 소리로 말해도 좋다.

"나는 어린아이들도 이해할 수 있고, 또 후에 다시 기억할 수 있는 평범하고 쉬운 이야기를 하려고 합니다."

우리 강좌의 수강생이었던 외과 의사는 이야기 중에,

"횡격막 호흡은 장의 운동에 효과가 있어서 건강을 위해 좋습니다."

라고 말했다. 이렇게 말한 다음 이야기를 계속하려 할 때, 강사는 그를 제지하고서 듣고 있는 사람들에게 횡격막 호흡이 다른 호흡과 어떻게 다른지, 왜 그 호흡법이 건강에 좋은가를 알고 있는 사람이 있으면 손을 들어 달라고 부탁했다.

놀랍게도 한 사람도 없었다. 그 결과에 의사는 놀랐다. 그래서 그는 다음과 같이 보충 설명을 했다.

"횡경막은 폐의 하부와 복강에 해당하는, 가슴 아랫부분을 형성하고 있는 근육입니다. 이것이 활동하지 않고 가슴으로 호흡을 하고 있을 때는, 비스듬히 세운 세면기처럼 아래를 향한 활 모양으로 되어 있습니다.

복식호흡으로 숨을 쉬면, 이 활처럼 된 근육은 평형이 될 때까지 눌려서 위의 근육이 허리띠에 눌려 있는 것 같은 느낌이 듭니다. 이 운동은 위·간장·비장·대장신경 등의 복강 위쪽에 있는 기관을 자극시킵니다.

숨을 내쉬면 위나 장이 횡경막의 압박을 풀어 주고, 또 그것에 자극을 받게 됩니다. 이 마사지는 배설 작용을 돕습니다.

건강이 안 좋은 경우, 대개는 위에 원인이 있습니다. 그러므로 깊은 횡경막 호흡에 의해서 위나 장이 적당하게 운동이 되면 대부분의 소화 불량·변비·자기 중독이 없어집니다."

설명을 할 때에는 간단한 것에서 복잡한 것으로 옮겨 가는 것이 가장 좋다. 다시 말하면 냉장고에 왜 성에가 생기는지 주부들에게 설명할 때는 이런 식으로 말해서는 안 된다.

"냉각의 원리는 냉장고의 내부에서 열을 내고 있다는 사실에 기초하고 있습니다. 열이 나고 있으므로 거기에서 발생하는 습기가 내부에 모이게 되고, 그 때문에 모터는 많은 회전을 하게 됩니다."

만약 이 원리를 가정 주부들이 쉽게 이해할 수 있도록 예를 들어 설명한다면 어떨까.

"당신은 냉장고의 어느 부분에서 공기를 냉동시키는지 알 것입니다. 그리고 그 냉각 장치에 성에가 낀다는 것도 알고 있으리라 생각합니다. 냉장고가 성능 좋게 움직이려면 날마다 냉각 장치의 성에를 제거해야 합니다.

냉각 장치에 쌓이는 성에는 침대에서 당신의 몸을 감싸는 모포나 당신의 집 벽 사이에 넣은 석면과 같은 것입니다. 성에가 쌓이면 쌓일수록 냉각 장치가 냉장고의 열을 흡수해서 냉동 기능이 어려워집니다. 그 결과 냉장고의 모터는 보다 오랜 시간을 돌아야 냉장고를 얼릴 수 있습니다.

그러나 냉장고에 쌓인 성에를 자동적으로 제거하는 장치를 사용하면 성에는 쌓이지 않을 것이고, 모터는 그처럼 오래 가동하지 않아도 되며, 성능이 월등하게 좋아집니다."

이 문제에 대해서 아리스토텔레스는 이렇게 충고한다.

"현인처럼 생각하고 범인처럼 말하라."

할 수 없이 전문 용어를 사용하게 될 경우라도, 그 용어를 듣는 사람이 납득할 수 있도록 설명해야 한다.

나는 어느 주식 중개인이 금융과 투자에 대해 지식을 얻으려는 부인들에게 연설하는 것을 들은 적이 있다.

그는 평범한 언어를 사용해서 대화를 나누는 것처럼 이야기를 하고, 모인 사람들을 편안한 기분이 들도록 만들었다.

그의 설명은 명쾌했다. 그가 사용하는 용어는 누구나 알 수 있는 아주 기초적인 것이었다.

다시 말하면 수표 교환소, 특권 있는 취인, 상환 저당, 공매空賣와 공매空賣 등의 말이었다. 그러나 이와 같은 간단한 용어를 사용하더라도 설명이 뒤따르지 않는다면 듣는 이들은 이해하지 못하고 그 연설은 실패하게 된다.

당신은 광고에 관해서 이야기하고 싶은가? 아니면 충동적인 물가, 교양학과의 과정, 원가 계산, 정부의 보조금, 교통 규칙을 지키지 않는 자동차, 아이들에 대한 방임주의나 뒤늦게 제정된 평가법을 지지하고 싶은가?

어느 것이라도 이야기하라. 다만 그 분야의 전문 용어를 당신이 납득하고 있는 것처럼 듣는 사람에게도 납득시키는 것을 잊어서는 안 된다.

시각적인 보조 수단을 사용하라

눈에서 뇌로 통하는 신경은 귀에서 뇌로 통하는 신경보다 몇 배나 강력하다. 눈에서 오는 자극의 강도는 다른 것에 비해 25

배에 이른다는 것이 과학적으로 증명되었다.

그래서 예부터 '백문이 불여일견'이라 하지 않는가.

명쾌한 연설을 하고 싶다면 요점을 눈에 보이도록 묘사하고 생각을 시각화하라.

그것이 내셔널 금전등록기 회사의 창설자인 존 H. 페터슨이 사용한 방법이었다. 그는 《시스템 매거진》지에 사원이나 세일즈맨들에게 이야기할 때 사용한 방법을 간추려서 기고했다.

이야기하는 사람이 자기를 상대편에게 이해시키고, 듣는 사람의 주의를 끄는 방법은 말만이 아니라 좀더 효과적인 보조 수단이 필요함을 깨달았습니다.

잘잘못을 설명할 경우, 될 수 있는 대로 그림이나 사진으로 설명을 보충하는 것이 현명한 방법입니다.

도표는 말로만 이루어지는 설명보다도 설득력이 있고, 그림이나 사진은 도표보다 더욱 설득력이 있습니다. 설명하는 방법에 있어서 이상적인 것은 요소요소를 사진이나 그림으로 제시하고, 결론 지을 때에 조리 있는 말로 하는 것이 좋습니다.

도표를 사용할 때에는 정확하고 되도록 큰 것을 이용하도록 하라. 그러나 도표를 지나치게 자주 사용하면 청중은 싫증을 낸다. 이야기하면서 그림을 묘사할 때는 흑판이나 백지에 손쉽게 그릴 수 있도록 하라. 청중은 위대한 예술 작품을 보려고 하는 것이 아니기 때문이다.

커다랗고 대담하고 묘사하라. 묘사하면서, 또는 백지에 쓰면서, 될 수 있는 대로 청중을 돌아보면서 얘기하는 것이 효과적이다.

이와 같은 보조 수단을 사용할 때에는 다음 사항에 주의해야 한다. 그렇게 하면 청중은 당신의 이야기에 더욱 집중할 것이다.

① 전시물은 사용할 때가 되기 전에는 보이지 않는 곳에 둘 것.
② 제일 뒤쪽에서도 볼 수 있도록 되도록 큰 것을 사용할 것. 작아서 보이지 않는다면 그 전시물에서 청중은 아무것도 배울 수 없다.
③ 이야기하는 동안 전시물을 청중들에게 나눠 주어서는 안 된다. 왜냐 하면 경쟁 의식을 심어 주기 때문이다.
④ 전시물을 제시할 때는 모두가 잘 보이도록 높게 올릴 것.
⑤ 움직이는 전시물 하나는 움직이지 않는 전시물 10개에 해당하는 효과가 있으므로 가능하다면 직접 연기해 보일 것.
⑥ 이야기하는 동안에 전시물을 오래 보지 않도록 할 것. 당신이 의사를 전하려는 대상은 청중일 뿐 전시물은 아니기

때문이다.

⑦ 전시물에 대한 설명이 끝나면 반드시 보이지 않는 곳에
둘 것.

⑧ 사용하려는 전시물이 수수께끼를 풀 듯하여 효과를 얻는
성질의 것이라면 옆에 있는 테이블 위에 장치해 두고 여
러 사람들에게 풀도록 할 것. 이야기 도중에 그것에 대해
서 호기심을 일으키는 말을 던질 것. 그러나 정체를 명확
히 밝혀서는 안 됨. 그 베일을 벗길 때가 올 때까지 청중
이 호기심을 갖게 해야 한다.

당신이 말하고자 하는 것을 청중에게 이해시키려면, 당신의
마음을 그들에게 드러내는 것보다 확실한 방법은 없다.

말을 구사하는 데 있어서 제일인자로 꼽히는 두 사람의 미국
대통령은, 명석한 이야기를 하는 능력은 훈련과 노력의 결과라
고 지적했다.

링컨은 뛰어난 연설을 하고 싶은 사람은 그것에 대한 정열을
가져야 한다고 말했다. 링컨은 녹스 대학의 학장이었던 걸리버
박사에게 어떻게 해서 이 '정열'을 발전시켰는지 말하였다.

나는 어린 시절에 누군가가 나에게 이해가 가지 않는 이야기
를 하고 있으면 초조했습니다. 지금까지 나는 다른 일로 화낸

적은 없다고 생각합니다. 그러나 그것만은 언제나 나의 신경을 건드렸고, 지금도 변함이 없습니다.

밤에 이웃 사람들이 아버지와 이야기하는 것을 듣고 난 후에, 나는 나의 조그만 침실에 가서 확실한 이야기의 의미를 알아내려고 적지 않은 시간을 보내곤 했습니다.

그러한 의미의 탐색을 시작하면 몇 번이고 그 사람이 말한 것을 반복하고, 나의 친구들 누구나 이해할 수 있도록 평범한 말로 만들 때까지 잠이 오지 않았습니다. 그것은 나에게 일종의 열병과 같은 것으로서, 그때부터 그것은 나의 지병이 되었습니다.

또한 윌슨은 자기가 전하고자 하는 의미를 분명히 상대에게 전하는 방법에 관해서, 이 장을 결말 짓는 데 잘 어울리는 충고를 했다.

나의 아버지는 학구열이 대단한 분이셨다. 나의 학습은 늘 아버지의 지도로 이루어졌다. 아버지는 분명치 않은 것을 참을 줄 모르셨다. 그래서 글을 쓰기 시작하면서 1903년에 부친이 81세로 별세하실 때까지, 나는 쓴 글을 반드시 아버지에게 보이곤 했다. 아버지는 그것을 나에게 큰 소리로 읽게 하셨다. 그것은 언제나 나에게 고통스런 작업이었다. 때때로 아버지는 나에게,

"그것은 어떤 의미지?"

하고 물어 보시면 나는 이러이러한 것이라고 대답한다. 물론 그렇게 함으로써 나는 종이에 쓴 것보다도 쉽게 자기를 표현할 수가 있었다. 그러나 아버지는 이렇게 훈계하셨다.

"하고자 하는 것을 산탄총으로 쏘듯이 얘기하는 것은 좋지 않다. 꼭 말해야 할 것만 라이플총으로 보기 좋게 한 방에 맞혀야 한다."

라고.

마음을 사로잡는 이야기를 하라

Public speaking Influencing Men in Buiness

언젠가 모리스 골드브랫이라는 사람의 명연설을 듣고 감동한 사람이 나를 붙들고 그때의 상황을 다음과 같이 이야기해 주었다.

우리들은 시카고에서 점심을 먹기 위해 테이블에 마주 앉아 있었습니다. 우리들은 오늘의 주인공이 열렬한 웅변가로 유명한 분임을 알고 있었습니다. 그래서 그가 이야기를 시작하려는 것을 기대하면서 바라보았습니다.

그는 정숙하게 이야기를 시작했습니다. 예의 바른 중년 신사답게 먼저 초대받은 데 대해서 감사의 말을 했습니다. 그리고 자기는 대단히 중요한 것에 관해서 이야기하고 싶다고 말했습니다. 미흡한 점이 있어도 관용을 베풀어 달라는 겸손의 말도 잊지 않았습니다.

그리고 나서 그는 마치 회오리바람처럼 부르짖었습니다. 몸을 앞으로 내밀고 쏘아보는 듯한 눈으로 우리들을 움직이지 못하게 하였습니다.

　　목소리는 크지 않았습니다만, 마치 징소리가 울리는 것처럼 느껴졌습니다.

　　"주위를 돌아봐 주십시오."

　　하고 그는 말했습니다.

　　"넓은 안목으로 보십시오. 지금 이곳에 있는 사람들 중 몇 사람이 암으로 죽는다는 것을 알고 계십니까? 45세 이상의 사람이라면 네 사람 중에 한 사람은 암으로 죽습니다. 네 사람 중 한 사람!"

　　그는 말을 중단하고 얼굴을 붉혔습니다.

　　"이것은 명백하고 냉혹한 사실입니다. 그러나 이 상태는 오래 계속되지 않을 것입니다. 왜냐 하면 이에 대해서는 대책 마련이 가능하기 때문입니다. 그 대책은 암의 치료법보다는 그 발생 원인에 대한 연구입니다."

　　그는 테이블 끝을 보던 시선을 들어 청중들을 둘러보면서 물었습니다.

　　"당신들은 이 진보에 일익을 담당하고 싶다고 생각하지 않습니까?"

　　그때 우리들의 마음 속에는 '네!'라는 대답 이외에 다른 말을 할 수 없었습니다.

'물론' 하고 나는 생각했습니다. 나중에 안 일이지만 모든 사람들도 같은 기분이었습니다.

불과 1분 정도의 시간에 모리스 골드브랫은 우리들의 마음을 사로잡고 말았습니다. 우리들 한 사람 한 사람의 마음을 잡고, 그의 화제 안으로 끌어넣고 만 것입니다. 그리고 그가 행하고 있는 인도주의적인 운동의 동지로서 우리들을 끌어들인 것입니다.

호의적인 반응을 얻는 것은 언제 어느 장소에서나 모든 연사의 목적입니다.

골드브랫 씨는 우리들의 공감을 얻을 만한 이유를 처음부터 갖고 있었습니다. 그는 친동생과 함께 무일푼으로 시작해서 결국은 연간 1억 달러의 매상을 올리는 백화점 체인을 신축하였습니다. 오랜 고난의 세월을 겪고 비로소 눈부신 성공을 했습니다.

그러나 그것도 잠시, 동생인 네이산이 그만 암으로 죽고 말았습니다.

그 후 모리스 골드브랫은 시카고 대학의 암 연구소에 백만 달러를 기부하고, 자기 자신은 사업에서 물러나 암 퇴치에 관계되는 일에 몸을 바친 것입니다.

이와 같은 사실이 모리스 골드브랫의 인격과 잘 어우러져 우리들을 사로잡은 것입니다.

그는 내내 성실과 진의와 열의를 가지고 열변을 토했기 때문에 불과 몇 분 사이에 듣는 이들의 감동과 우정, 그리고 지대한 관심을 획득할 수 있었습니다.

인격을 쌓아라

퀸티리언은 연설가를 이야기에 숙련된 선인善人이라고 정의하였다. 즉, 기술보다는 성실함과 인격의 필요를 강조하였다.

이제까지 이 책에서 설명해 온 것, 또 지금부터 설명하려고 하는 것 등 어느 것을 찾아보아도, 명연설가가 되기 위한 조건으로서 인격이라는 이 근본적인 자질이 빠져 있는 경우는 하나도 없다.

피아폰 모건은 인격이란 것은 신용을 얻는 최상의 수단이라고 말했는데, 이것은 청중의 신뢰를 얻는 길이기도 하다.

"성의를 가지고 이야기하면 그 목소리에는 아무리 뛰어난 사기꾼도 다룰 수 없는 진실된 힘이 섞여 있다."

이것은 알렉산더 울코트의 말이다.

이야기로 청중을 사로잡기 위해서는 스스로 굳게 확신을 하고 있는 문제를 성심 성의껏 전한다는 마음가짐이 필요하다. 다른 사람의 마음을 사로잡기 전에, 우선 자기 자신의 마음을 가다듬어야 한다는 말이다.

긍정적인 분위기를 조성하라

노스웨스턴 대학의 전 학장이었던 월터 딜 스콧은 다음과 같이 말했다.

"마음 속에 스며드는 모든 이야기는 그것에 반대되는 생각에 의해서 방해가 되지 않는 한 진실하게 받아들여진다."

나의 친구 해리 오버스트리트 교수는 이것을 이야기의 방법에 적용시켜, 뉴욕의 어느 사회연구그룹에서 행한 강의에서 이렇게 말했다.

솜씨 좋게 연설하는 사람은 처음부터 많은 공감을 얻습니다. 이것에 성공하면 듣는 사람의 마음을 이미 긍정적인 방향으로 향하게 했다고 해도 틀리지 않습니다.

그것은 마치 당구공의 움직임과 비슷합니다. 공을 한 방향으로 쳤습니다. 그러자 공은 보내려는 방향에 돌진하는 힘을 훨씬 능가하는 힘이 생깁니다.

여기에서 볼 수 있는 마음의 소리는 모두 분명한 것입니다. 누군가가 '아니오'라고 하면, 그것이 본심에서 나온 소리일 경우, 단순히 '아'와 '니', 그리고 '오'를 입으로 발음했다는 정도로 생각하면 안 됩니다.

그의 모든 것이 싫다는 것입니다. 아주 미약한 것이지만, 때에 따라서는 관찰할 수 있을 정도로 육체적인 위축의 징후가 나타날 때도 있습니다. 한 마디로 말해서 모든 신경과 근육의 조직이 거부의 태세를 갖추게 되는 것입니다.

반대로 '네'라고 했을 때는 위축적 현상은 일어나지 않습니다. 그리고 받아들이는 태세를 갖춥니다.

동조를 얻은 것이 간단해 보이지만, 처음에 잠시라도 청중의 반감을 일으켰다거나 좋지 않은 반응을 얻었을 때에는 동조의 상태로 회복시키는 것이 상당히 어렵습니다.

급진주의자가 보수적인 친구들과 회의를 할 경우 급진주의자는 자주 상대를 화나게 합니다. 그렇게 하면 무슨 이득이 있겠습니까? 만일 장난 삼아 그들을 노하게 하는 것이라면 괜찮겠지만, 어떠한 성과를 올리고자 생각한다면 어리석다고 할 수밖에 없습니다.

상대방이 첫 마디에 '아니오'라고 말하면, 일단 뿌리 박힌 반감을 돌리는 것은 천사다운 예지와 인내가 있어야 합니다.

처음부터 지지를 받으려면 어떻게 해야 되는가? 답은 간단하다. 링컨은 다음과 같이 말했다.

"논의를 시작하고, 그리고 찬성을 얻기 위한 방법은 우선 누구나가 공감할 수 있는 공통점을 이끌어 내는 것입니다."

링컨은 위험 부담이 큰 노예 문제를 논의할 때에도 이 말을 실천하였다. 당시 중립을 지키고 있던 신문 《미러》지는 링컨의 연설에 대해서 다음과 같이 보도했다.

'링컨이 연설을 시작한 지 30분이 채 지나지 않아 반대자들조차 그의 의견에 동의를 했다. 그때부터 링컨은 조금씩 그들을 끌어들여, 결국에는 모두 자기 목표에 찬성하도록 만들었다.'

청중에게 의심을 불어넣는 연사는 다만 그들을 고집 세게 하고 방어 태세를 갖추게 하여 그들의 마음을 반대 방향으로 돌아서게 만든다.

"나는 이러이러한 것을 증명해 보이겠습니다."
라고 선언하면서 이야기를 시작하는 것은 좋지 않다. 듣는 사람은 그것을 도전으로 받아들이고,

"하려면 해 봐라."
하고 마음 속으로 중얼거린다.

그러므로 그것보다는 누구나 믿고 있는 것, 그러므로 누구라도 '네'라고 대답할 수 있는 이야기부터 시작하는 것이 매우 유리하다. 그러면서 서서히 청중을 내 편으로 이끌어 가는 것이다. 답을 찾는 동안에 사실을 분명히 청중에게 알 수 있도록 제시해서, 당신의 결론이 마치 청중 개개인이 내린 결론인 것처럼 생각하도록 만들어야 한다.

사람은 자기 자신이 발견한 진실은 다른 어느 것과 비교해도 절대 뒤지지 않는다는 강한 믿음을 갖고 있기 마련이다. 단순한 설명처럼 생각되는 말이 최상의 주장이 될 수 있다.

견해의 차이가 아무리 깊을지라도 모든 사람을 공감시키는 공통된 부분이 있다. 그 실례를 들어 보겠다.

1960년 2월 3일, 영국의 수상인 해럴드 맥밀란이 남아프리카 연방의 양원에서 연설을 했다. 그는 인종 차별 정책이 크게 지배하고 있던 시기에, 입법 기관에게 연방공화국이 취한 인종 차별 철폐의 입장을 설명해야 했다.

상반되는 의견이 팽팽히 맞서는 중에 맥밀란 수상은 우선 처음에 남아연방의 다시없는 경제 발전, 남아연방이 세계에 기여한 의미 깊은 공헌을 여러 가지 강조했다. 그 다음으로 교묘하게 다른 견해를 말하기 시작했다.

여기에서 수상은, 의견의 차이는 누구나 각자의 확신에서 일어나는 것임을 충분히 알고 있다고 말하는 것을 잊지 않았다. 맥밀란 수상의 연설은 링컨이 포드 센터에서 행한 정숙하고 강렬한 연설처럼 훌륭한 것이었다.

수상은 다음과 같이 말했다.

"영국연방의 동포로서 남아연방에 대한 원조와 격려는 진심으로 우리들이 원하는 바입니다. 그러나 여러분들의 정책 중에는 우리들이 관할 지역에서 실현하고자 하는 정치 목적에 위배되는 유감스런 것이 있습니다. 우리들은 우방으로서 함부로 남을 책망하거나 자만하는 일 없이, 다만 이러한 견해의 차를 될 수 있는 대로 좁히도록 공동으로 노력해 나가야 한다고 생각합니다."

이야기하는 사람과 의견이 전혀 달라도 이러한 연설을 들려주었을 때, 이야기하는 사람에게 사심이 없다는 것만은 인정하게 할 수 있을 것이다.

맥밀란 수상이 첫머리에 함께 동의할 수 있는 공통점 대신에 정책의 다른 점만을 강조했다면 어떻게 되었을까? 제임스 하베이 로빈슨 교수의 계몽적인 저서 《정신의 형성》은 그런 질문에 대해서 심리학으로 답을 해 주고 있다.

우리들은 아무런 거부감 없이 생각을 바꾸고 있다는 것을 느낄 때가 있다. 그러나 사람들로부터 너는 잘못되었다고 지적당하면 그 비난에 노여움을 느끼고 저항감을 갖게 된다.

우리들은 스스로의 신념이 공격받을 때 더욱 강한 애착을 갖는다. 우리들에게 귀중한 것은 관념 그 자체가 아니고, 위협받고 있는 자존심이다.

'나의'라는 단어는 인간의 생활 안에서 가장 중요한 의미를 가지고 있는 것 중 하나이며, 그것을 신중히 생각하는 것은 분별의 첫걸음이다. 다시 말해서 그것이 나의 저녁 밥이나 나의 개, 또는 나의 집이나 나의 나라 나의 신 등 '나의'라고 하는 관사는 같은 무게를 가지고 있다.

시계가 고장이 나든가 자동차가 흙탕물을 맞았을 때에도 화를 내지만, 화성의 운하에 관한 자기의 생각이나 에픽테토스의 발음, 살리신의 약효로써의 가치, 사르곤 2세의 생존 기간에 대한 자신의 생각을 정정하라고 하면 화를 낸다.

우리들은 자기가 진실하다고 믿고 받아들인 것, 즉 습관화된 것을 믿기 좋아한다. 그러므로 자기가 믿는 것에 부정을 하면, 노여워하면서 변론하려고 무척 애를 쓴다. 보통 우리들이 논증이라 부르는 행위의 대부분은 우리들이 먼저 믿고 있는 것을 더욱 확실하게 만들기 위한 노력에 지나지 않는다.

열의가 전해지도록 이야기하라

이야기하는 사람이 자기의 생각과 감정을 상대편에게 전하려는 열의가 있을 때 듣는 사람은 거부감을 갖지 않는다. 열의는 부정적인 생각이나 반대 의견을 뿌리치게 만든다.

당신이 청중의 마음을 사로잡으려면 이성에 호소하기보다는 감정에 호소하는 쪽이 유리하다는 것을 기억해 두기 바란다.

감정은 냉담한 이성보다 강력하다. 감정을 전달하려면 진실해야 한다. 요란한 미사 여구나 실감나는 목소리, 우아한 제스처를 제아무리 동원해도 진심으로 이야기하지 않는다면 그런 것들은 순간적인 겉치레에 지나지 않는다.

청중을 감동시키려면 우선 자기 자신을 감동시켜야 한다. 청중에게 전해지는 것은 당신의 눈동자를 통해서 표현되는 당신의 혼이다. 당신이 이야기하고 있을 때, 특히 당신의 목적이 듣는 사람의 마음을 사로잡을 때는 당신의 태도가 청중의 태도를 결정한다.

만일 당신의 태도가 진지하다면 청중도 그렇게 될 것이다. 당신이 남을 해치려는 마음을 가지고 있으면 듣는 사람도 그렇게 된다.

헨리 워드비처는 다음과 같이 말했다.

"청중이 하품을 하고 졸려 할 때 당신이 취해야 하는 방법은 단 하나이다. 그것은 지휘봉으로 졸고 있는 사람을 일으켜 세워서 설교자를 찌르게 만드는 것이다."

전에 나는 콜롬비아 대학으로부터 커티스 상의 심사를 의뢰받은 적이 있었다. 출전한 여섯 명의 학생은 그 동안에 쌓은 실력으로 훌륭한 연설을 해내겠다는 의기에 넘쳐 있었다.

그러나 한 사람을 제외한 나머지 다섯 학생은 그 메달을 획득하는 것이 목적이었다. 사람의 마음을 사로잡으려는 열의는 전혀 갖고 있지 않았다.

주제의 선택에 있어서도 연설에 적합한 것에만 신경을 썼을 뿐 자기가 하고 있는 이야기에 아무런 흥미를 갖고 있지 않았다. 단지 변론술의 실습에 지나지 않았던 것이다.

단 한 명의 예외자는 줄루 족의 왕자였다. 그는 '아프리카의 현대 문명에 대한 공헌'을 연설의 주제로 선택했다. 말 한 마디

한 마디마다 열정이 드러났다. 그의 이야기는 단순한 실습이 아니라 확신과 열의에서 나온 살아 있는 것이었다.

그는 동포의 대표로서, 그리고 자기가 태어난 대륙의 대표자로서 이야기했다. 지혜와 인격과 선의를 가지고, 그는 자기 동포의 희망을 우리들에게 이해해 줄 것을 호소했다.

연설 자체의 완성도에 있어서 그에게 대적할 만한 경쟁자는 서너 명 있었으나, 우리들은 그에게 메달을 수여하기로 했다.

그 연설의 진실과 성의의 불꽃을 우리 심사위원이 인정하였기 때문이다. 그것에 비교해서 나머지 사람들의 이야기는 불안스러운 불꽃 같은 것이었다.

왕자는 고국에서 멀리 떨어져 있는 곳에서 말할 때 이론만을 동원해서는 설득력이 없다는 것과, 본인이 얼마만큼 깊게 믿고 있는가를 청중에게 알려야 한다는 것을 자각하고 있었던 것이다.

경의와 애정을 보이라

노먼 빈세트 박사는 언젠가 이렇게 이야기를 했다.

인간이란 남녀를 막론하고 사랑받고 존경받고 싶어한다. 인간은 누구든지 마음 깊은 곳에, 자기는 가치와 위엄을 지닌 중요한 인물이라는 의식을 가지고 있다. 이 의식에 타격을 준 사람은 그에게서 영원히 잊혀진다.

한 사람을 사랑하고 존경하면 당신은 결론적으로 그 사람을 인정해 주는 것이 된다. 그 결과로 그도 또한 당신을 사랑하고 존경할 것이다.

언젠가 나는 한 예술인과 함께 모임에 나간 적이 있었다. 나는 그 남자와 가까운 사이는 아니었다. 잠시 후, 그는 난처한 처지에 빠졌다. 나는 그 이유를 알고 있었다. 나는 곧 이야기를 해야 했으므로 그의 옆에 묵묵히 앉아 있었다. 그러자 그가 물었다.

"당신은 당황하지 않는군요?"

"예."

하고 나는 대답했다.

"사람들 앞에 나서기 전에는 다소 당황하지만, 나는 청중을 존경하고 있으므로 책임감을 느껴 당황하지 않는 것입니다. 당신은 그렇지 않습니까?"

"아니오, 조금도."

하고 그는 대답했다.

"무엇 때문에 긴장합니까? 청중은 무엇이나 받아들입니다. 바보들의 모임이니까요."

그래서 나는 이렇게 말했다.

"그 말은 찬성할 수 없군요. 청중은 당신의 절대적인 심판관입니다. 나는 청중에 대해 존경심을 가지고 있습니다."

필 박사는 이 남자의 인기가 떨어지고 있다는 것을 어디선가
읽었다. 그는 고개를 끄덕이며 이 남자가 그렇게 된 원인은 대
중의 마음을 사로잡지 못하고 적개심을 일으키게 하는 그의 태
도에 있었다고 생각했다.

타인에게 무엇인가를 전하고자 원하는 사람들에게 일침을
가하는 교훈이라 하겠다.

상대방의 자존심을 지켜주라

어느 무신론자가 신의 존재를 반증하려고 윌리엄 페일리에게
도전했다. 그러자 페일리는 조용하게 회중 시계를 꺼내서 그 뚜
껑을 열며 말했다.

"만일 내가 시계의 추와 톱니바퀴와 태엽이 한자리에 모여
서 옛날부터 움직이고 있다고 말한다면 당신은 나의 지성을 의
심하겠지요? 그러나 별을 바라보십시오. 어느 별이나 모두 완전
하게 자리를 잡고 정해진 궤도대로 움직이고 있습니다. 지구나
혹성은 태양의 둘레를 하루에 백 마일 이상의 속도로 회전하고
있습니다.

모든 별은 그들대로 태양을 중심으로 한 클럽을 형성하고,

우주를 뛰어다니고 있습니다. 그러면서도 단 한 번의 충돌이나 혼란도 일어나지 않습니다. 언제나 조용하고 능률적으로 조절되고 있습니다. 이것을 우연의 일치라고 생각하는 것과 누군가가 그렇게 시켰다고 생각하는 것 중 어느 쪽이 더 신빙성이 있습니까?'

그러나 만일 그가 처음부터 무신론자를 꾸짖었다고 가정해 보자.

"신이 없다고? 바보 같은 소리 마시오. 당신은 자기가 무엇을 하고 있는지도 모르고 있을 거요."

이렇게 말했다면 어떻게 되겠는가? 틀림없이 무모하고 격렬한 말싸움이 시작되었을 것이다.

무신론자는 사납고 미친 도둑고양이처럼 신성 모독적인 발언을 하고, 자기의 주장을 지키기 위해서 모든 노력을 다했을 것이다. 왜 그럴까? 그것은 오버스트리트 교수가 지적한 것처럼 자기의 자존심이 상처받았다는 것과, 자기를 자랑할 수 있는 기회를 잃었기 때문이다.

자부심은 원래 폭발성이 있는 인간의 성질이므로, 그것을 터뜨리기 전에 자기 편으로 만드는 것이 현명한 방법이다. 그렇게 하려면 케일러의 예처럼 우리들이 제안하려는 것이 실은 반대자가 먼저 믿고 있는 것과 비슷하다는 것을 우선 알려 주어야 한다.

그렇게 되면 반대자는 당신의 말에 반대하기보다 받아들이려고 한다. 그렇게 함으로써 배타적인 생각을 막아 주게 된다.

페일리는 인간의 마음이 어떻게 움직이는지, 그 미묘한 법칙을 이해하고 있었다.

그러나 대부분의 사람은 한 사람의 신조라는 성의 성주와 손을 맞잡고 나갈 능력이 결핍되어 있다. 성을 차지하기 위해서는 폭풍우처럼 기습하고 정면 공격에 의해서 굴복시키지 않으면 안 된다는 잘못된 생각을 갖고 있다.

그렇게 한다면 결과는 어떻게 되겠는가? 적대 관계가 된다면 성을 지키는 측에서는 성문을 닫고 빗장을 튼튼히 걸고 갑옷을 입은 사수가 활을 당긴 채 대기하고 있을 것이다.

말싸움이 시작되면 쌍방은 상처를 입게 될 뿐이다. 이와 같은 싸움은 언제나 승부가 나지 않은 채로 상대에게 무엇 하나 납득시키지 못하고 끝나고 만다.

내가 주장하는 이 방법은 어제 오늘에 이루어진 것이 아니다. 아주 옛날, 성 바울은 그리스의 아테네 인에게 예언한 유명한 경고 중에서 이 방법을 사용하였다.

그것은 1900여 년이란 세월이 지나서도 여전히 세련된 방법이다. 고등 교육을 받은 성 바울은 그리스도교에 귀의하고서는 그 웅변의 덕택으로 그리스도교의 지도적인 선구자가 되었다.

어느 날, 그는 아테네를 방문했다. 아테네는 페리클레스가 멸

망한 후 쇠퇴의 길에 있었다. 성서에서는 그 당시의 아테네를 이렇게 묘사하고 있다.

"아테네 인이나 그곳에 머무르고 있는 외국인들 모두는 무엇인가 새로운 것을 듣거나 이야기하는 것으로 나날을 보내고 있었다."

요즘과 같은 통신 매체가 없었던 당시에, 매일 오후 무엇인가 새로운 것을 기록해 둔다는 것은 상당히 곤란했을 것이다. 바로 그런 때에 바울이 찾아온 것이다. 그것은 전혀 새로운 일이었다. 아테네 인은 재미를 느꼈고, 호기심에 가득 차 그의 주위에 모여들었다.

그들은 바울을 아레오파고스로 데려가서 말했다.

"당신이 말하는 새로운 가르침이 어떤 것인가 가르쳐 주십시오. 당신이 우리에게 들려줄 진지한 것을 알고 싶습니다."

아테네 인은 바울에게 연설을 요청했다. 바울은 기쁘게 승낙했다. 실제로 그가 아테네를 찾아온 것은 그 때문이었던 것이다.

바울은 아테네 인이 사용한 말이 마음에 들지 않았다.

"새로운 가르침, 참된 것."

그 말에는 독이 들어 있었다. 그런 말은 의견의 대립과 충돌을 일으키는 것이므로 버려야 한다고 생각했다.

바울은 그의 신앙을 이국적으로 전도하려고 하지 않았다. 우선 아테네 인이 믿고 있는 무엇인가에 결부해서 친근성을 갖게 만들려고 했다. 그렇게 하면 이교라는 느낌을 지울 수 있기 때문이다. 그러나 어떻게 하는 것이 좋겠는가?

그는 잠간 생각했다. 그러자 훌륭한 생각이 떠올랐다. 그리고 바울은 불멸의 연설을 했다.

"아테네 인이여! 여러분은 모든 점에 있어서 상당히 종교적이라고 생각합니다."

나로서는 그것이 적절하게 급소를 찌르고 있다고 생각한다. 아테네 인들은 많은 신들을 섬기고 있었다. 그들은 종교심에 가득 차 있었다. 그리고 그것을 자랑스럽게 여기고 있었다.

성 바울은 그러한 그들을 칭찬하여 기쁘게 해 주었다. 아테네 인은 성 바울을 정겨운 눈으로 보기 시작했다. 효과적인 이야기 법칙의 하나는, 실례에 의해서 취지를 뒷받침하는 것이다. 성 바울도 그렇게 했다.

"길을 걸으면서 여러분들이 기도하는 모습을 보는 동안 '알려지지 않은 신에게'라고 조각된 제단이 있다는 것을 알게 되었습니다."

그것은 아테네 사람들의 두터운 종교심을 증명하는 것이었다. 신이란 하나도 경시해서는 안 된다고 생각한 나머지 신을 위해서 제단을 만든 것이다.

성 바울은 그 특별한 제단에 관해 느끼고 있는 것을, 속세의 말을 사용해서 그들에게 주입시키려고 하는 것이 아님을 밝혔다. 그리고 그 동안의 관찰에서 찾아낸 솔직한 의견임을 인식시켰다. 그는 이렇게 말했다.

"거기서 여러분들이 맹목적으로 기도하였음을 지금 알리도록 해드리겠습니다."

성 바울은 아테네 인들이 숭배하던 어느 신에 대해서 이야기하려고 찾아온 것이었다. 상대가 믿지 않은 미지의 것을, 먼저 열광적으로 받아들이고 있는 무엇인가에 비교해서 설명하는 것이 성 바울이 사용한 절묘한 방법이었다.

그리고 그는 그리스 시인의 시구를 인용해서, 구원과 부활의 교의를 설명하였다. 청중 중에는 비웃는 사람도 있었으나, 이런 사람도 있었다.

"이 문제에 대해서 다시 듣기로 합시다."

사람의 마음을 사로잡고 또 감명을 주려면 이야기의 주제를 청중의 마음 속에 심어주고, 반면에 반대 의견을 갖지 않도록 해야 한다. 이 방법에 숙달된 사람은 타인에게 강력한 영향을 줄 수가 있다. 이에 대해서는 나의 저서 《사람을 움직이는 법》에 자세히 설명해 놓았다.

일상 생활에서 당신은 어떤 문제에 관해서 전혀 다른 의견을 가진 사람과 이야기를 나누도록 한다. 가정이나 직장, 그리고 모든 종류의 사교적인 모임에서 당신은 사람들을 당신의 생각과 같게 하려고 노력할 것이다.

그때 어떠한 방법으로 이야기를 하는가? 당신이 사용하고 있는 방법에 개선의 여지는 없겠는가?

링컨이나 맥밀란처럼 임기 응변의 재능을 발휘하는가? 만일 그럴 수 있다면 당신은 보기 드문 외교적 재능과 보통 사람보다 뛰어난 분별력을 타고난 유능한 사람이다.

윌슨의 말을 기억해 두라. 도움이 될 것이다.

"만일 누군가 당신을 찾아와서 '자, 앉아서 함께 이야기하지 않겠소? 그리고 서로 생각이 다른 부분은 왜 다른지, 문제가 무엇인가를 이해하도록 합시다'라고 말했다면, 즉 우리 두 사람 사이에는 커다란 의견의 차이는 없고, 서로 납득이 되지 않은 점도 극히 적으며, 일치되는 부분이 대단히 많다는 것을 인식하면서 인내와 솔직함으로 이야기한다면, 두 사람은 함께 일을 해나갈 수 있음을 알게 될 것입니다."

04

즉석에서의 화법

Public speaking Influencing Men in Buiness

얼마 전에, 실업계의 요직에 있는 사람들과 정부 요
인들로 구성된 클럽이 어느 제약 회사의 연구소 개설식에 모인
적이 있었다.

연구소장 이외의 여섯 명의 직원은 차례차례 일어나서, 화학
자나 생물학자가 연구하고 있는 대단히 흥미 있는 일에 관해서
이야기하였다.

전염병에 대한 새로운 백신이나 바이러스와 싸우는 새로운
항생 물질, 그리고 긴장을 풀어주는 새로운 신경 안정제의 개
발 등에 관한 것이었다. 그것은 동물 실험을 한 후에 인체에 적
용되어 놀라운 효과를 가져왔다고 보고했다.

"훌륭하오! 참으로 여러분은 마법사와 같소. 그런데 당신은
왜 이야기를 하지 않습니까?"

어떤 사람이 연구소장에게 말했다.

"나는 많은 사람들 앞에서는 이야기를 못 합니다."

하고 연구소장은 어두운 표정을 지으며 대답했다.

잠시 후, 사회자가 불만스럽게 말했다.

"우리들은 아직 연구소장의 이야기를 듣지 못했습니다. 소장은 격식에 얽매인 연설을 하고 싶지 않은 것 같은데, 그래도 인사 정도는 해 주서야겠습니다."

그 결과는 참담했다. 소장은 일어서기는 했으나 거의 말을 하지 못했다. 그러고는 '긴 이야기를 할 수 없어서 미안합니다' 하고 끝을 맺었다. 그것이 소장의 이야기의 전부였다.

소장은 전문 분야에서는 훌륭하고 뛰어난 사람이었지만, 사람들 앞에서 이야기를 하게 되면 분별력이 없어지고 멍청해졌다. 만일 그 소장이 문제를 심각히 생각했다면, 즉석에서 연설을 할 수 있는 방법을 배울 수 있었을 것이다.

자신 있게 말하건대 나는 결심을 단단히 한 수강생이 실패한 경우를 아직 한 번도 본 적이 없다. 우선 패배주의적인 태도를 과감히 버려야 한다. 그리하여 당분간은 곤란하더라도 반드시 성공하겠다는 군건한 의지를 가지는 것이 필요하다.

"사전에 준비하고 연습하면 괜찮은데, 생각지도 않았을 때에 이야기를 해 달라고 의뢰를 받으면 무엇을 이야기해야 좋을지 당황하게 됩니다."

라고 고민하는 사람이 많다.

자기의 생각을 모아서 즉석에서 이야기하는 능력은, 어떤 의미에서는 긴 시간을 갖고 사전에 준비했던 것을 이야기하는 능력보다도 중요하다. 일상 생활에서 즉석에서 말로써의 의사 전달이 항상 요구되는 오늘날에는, 순발력 있는 언어 구사력은 절대적으로 필요하다.

오늘날 산업이나 정치에 영향을 주는 결단의 대부분은 한 사람에 의해서 이루어지는 것이 아니고 회의 석상에서 결정된다. 개개인은 효과적으로 강력히 발언해야 한다. 즉석에서 이야기함으로써 지대한 효과를 얻는 것은 이와 같은 경우이다.

연습을 계속하라

자기를 다룰 수 있는 힘이 있고 보통의 지능이 있는 사람이라면 누구라도 자기의 생각한 바를 즉석에서 훌륭하게 이야기할 수 있다. 두세 마디도 좋으니 이야기해 달라고 요청을 받았을 때, 거침없이 자기를 표현하는 능력을 증진하는 방법은 몇 가지가 있다.

몇 해 전에 더글러스 페어뱅크스가 《아메리카 매거진》에 글을 썼는데, 그와 채플린·메리·빅 포드, 네 명이 1년 동안 매일 밤 게임을 하는 내용이었다.

그 게임은 이야기 방법 중에서 가장 어려운 기술의 연습이었다. 즉, 일어나서 즉석에서 자기가 생각하고 있는 것을 정리하는 연습이었다.

페어뱅크스는 이 게임을 다음과 같이 서술했다.

우리들은 제각기 한 장의 종이에 하나씩 주제를 적습니다. 그리고 그 종이를 접어서 이러저리 돌립니다. 누군가가 그 중의 한 장을 집어들고 서서, 그 종이에 적혀 있는 주제에 대해서 1분간 이야기를 합니다. 그러나 같은 주제를 두 번씩 겹쳐서 사용한 적은 없었습니다.

어느 날 밤, 나는 '전기 스탠드의 갓'에 대해서 이야기를 해야 했습니다. 그 정도라면 아무것도 아니지 않느냐고 생각되는 사람은 한번 시험해 보십시오. 나는 간신히 그 이야기를 할 수 있었습니다.

요컨대 우리는 이 게임을 시작한 덕분으로, 말재주가 늘었다는 것입니다. 여러 가지 잡다한 화제에 대해서 우리들은 많은 지식을 갖게 되었습니다.

그러나 그보다도 더욱 큰 이점은, 어떠한 화제에 관해서도 지식이나 생각을 즉시 간추릴 수 있게 된 것입니다. 말하자면 우리들은 '서서 생각한다'는 방법을 배운 것입니다.

내 강의의 수강생들은 몇 번이고 즉석에서 이야기를 하도록 지명받는다. 나의 오랫동안의 경험에서 이런 종류의 연습에는 두 가지의 효과가 있다는 것을 배웠다.

① 누구라도 '서서 생각한다'는 것을 할 수 있다.

② 이 경험으로 미리 준비된 이야기를 할 때에는 보다 안정되고 자신감을 갖게 된다. 예를 들어 최악의 사태가 일어나서, 이야기하려던 주제를 깜박 잊어버렸을 때 즉석에서 이야기할 수 있는 능력에 의해서 다시 이야기의 줄거리를 세울 때까지 혼란스럽지 않게 이야기할 수 있게 된다.

그러므로 나는 때때로 수강자들에게 다음과 같이 요구한다.

"오늘밤은 제각기 다른 주제에 대해서 이야기해 주었으면 합니다. 지명받고 일어나기까지 무엇에 대해서 이야기할 것인가를 생각해 두십시오. 될 수 있는 대로 성의껏 해 주십시오."

어느 회계사는 선전에 대해서 이야기해야 했었고, 세일즈맨은 유치원에 대해서 이야기해야 했다. 그리고 교사가 은행 업무의 이야기를 하게 되었으며, 반대로 은행원은 학교 교육에 대해서 말해야 했다.

점원이 생산에 대해서 이야기하도록 지명받았으며, 생산직 전문가가 운수업에 대해서 이야기하도록 요구받았다.

그들이 머리를 숙이고 낙심하고 있었다고 생각되는가?

천만의 말씀! 그들은 그 계통의 권위자를 마음에 두지 않았다. 그들에게 주어진 주제를 자기 나름대로 이야기하였다. 처음부터 훌륭한 이야기를 한다는 것은 어렵다.

그러나 어쨌든 일어서야 한다. 그리고 이야기를 시작한다. 어떤 사람은 쉽게, 또 어떤 사람은 어렵게 느낄 것이다. 하지만 절대로 낙심하지 않는다. 모두 자기가 예상한 것보다 훨씬 잘 한다고 느낀다.

이것은 그들에게 있어서는 가슴이 두근거리는 감동적인 일인 것이다. 자기도 믿기 어려울 정도의 능력을 지니고 있다는 것을 알게 되기 때문이다.

내 강의의 수강자가 할 수 있는 일이라면 다른 누구라도 할 수 있다고 나는 믿고 있다. 의지력과 자신감을 가지고 있으면 좋다. 그리고 많이 실행하면 할수록 그만큼 용이하게 된다.

즉석에서 이야기하는 것을 훈련하는 데 사용되는 또 하나의 방법은 이야기의 연쇄 기술이다. 그것은 우리 강좌만의 특별한 방법이다.

어느 수강자가 환상적인 이야기를 시작하라고 지명받았다면 그 경우에는 대개 이렇게 시작한다.

"내가 헬리콥터를 조종하고 있을 때, 하늘을 나는 원반 무리가 접근해 오는 것을 발견했습니다. 나는 급히 하강하려고 했습니다. 그러자 맨앞에서 접근해 오던 원반에 타고 있는 작은 사나이가 이쪽을 향하여 로켓을 쏘았습니다. 나는……."

이때에 이야기하는 사람의 시간이 끝났음을 알리는 벨이 울리고 다음 수강생이 이야기를 이어간다. 학급의 전원이 할당된 시간을 채우기 위해서 이야기는 화성의 운하에서 끝이 날지, 의회의 의사당에서 끝이 날지 아무도 모른다.

이것은 아무런 준비도 없이 이야기를 하는 능력을 기르는 훌륭한 방법이다. 이와 같은 연습은 사업이나 사회 생활을 할 때, 즉석 연설을 해야 할 경우에 훌륭하게 대처할 수 있게 해 준다.

늘 마음의 준비를 하라

아무런 준비도 하지 않고 있는 사람이 별안간 간단하게 이야기해 줄 것을 요구받았을 때 문제가 되는 것은, 그 장소의 상황을 판단하고 짧은 시간 안에 정확하게 무엇을 이야기하면 좋은가를 선택하는 것이다.

이 점에 숙달하는 최상의 방법 중의 하나는, 이러한 상황에 대해서 늘 마음의 준비를 하는 것이다.

어느 집회에 참석하고 있을 때, 무엇을 이야기할 것인가를 언제나 자기의 마음에 물어 보라. 어떠한 화제가 가장 적당하겠는가? 지금 회의에서 토의하고 있는 제안을 시인할 것인가, 그렇지 않으면 부인할 것인가를 어떻게 언어로 표현하면 좋겠는가?

여기서 내가 충고하고 싶은 것은 언제라도 즉석에서 이야기할 수 있게 요점을 정리해 두라는 것이다.

자기가 관여하는 모든 상황의 분석에 시간을 할애하지 않았던 사람이 즉석에서 훌륭하게 연설한 예는 없었다는 것을 알아 두라.

언제 어느 자리에서나 즉흥적인 연설에 뛰어난 사람은 우연히 그렇게 되는 것이 아니라, 늘 스스로를 훈련시킨 결과임을 명심해야 한다. 그러나 실제로는 그것을 즉석에서의 이야기라고는 할 수 없다.

왜냐 하면 그것은 사전에 준비하고 있었던 것으로서, 때와 장소에 맞도록 조정되었을 뿐이기 때문이다. 당신이 그렇게 되고 싶다면 다음에서 권하는 방법을 충실히 이행해 보라.

우선 첫째는, 어떠한 화제가 그 장소에 잘 어울리는가를 선택해야 한다. 준비되어 있지 않았다고 해서 사과할 필요는 없다. 그런 것은 당연히 예상할 수 있는 일이다.

그러나 즉시 할 수는 없어도 될 수 있는 대로 빨리 화제 속으로 몰입해야 한다. 그리고 다음의 충고에 따라 행하면 된다.

실례를 들면서 이야기를 시작하라

거기엔 세 가지의 이유가 있다.

① 당신은 언어를 찾을 필요성에서 해방될 것이다. 왜냐 하면 경험을 쌓아두면 어떠한 곳에서 갑자기 이야기하더라도 저절로 말이 나오기 때문이다.

② 당신은 이야기의 파도를 탈 것이다. 처음에의 어지러운 기분도 사라지게 되고, 주제를 검토할 여유도 갖게 될 것이다.

③ 당신은 즉시 청중의 관심을 끌어들일 것이다. 3장에서 언급한 것처럼, 실례를 사용하는 것은 즉시 관심을 끌게 하는 확실한 수단이기 때문이다.

당신이 가장 자신감을 필요로 하고 있을 때 이야기를 시작한 처음의 몇 초간 당신이 사용하고 있는 실례에 청중은 매혹되고, 덕분으로 당신은 자신감을 얻게 되는 것이다.

의사 소통에는 두 개의 회로가 있다.

주의력을 끌어들인 연사는 즉시 그것을 느끼게 된다. 그러고 나서 그 청중의 기대의 빛이 전류처럼 그들의 머리 위에 흐르는 것을 느끼면 연사는 최선을 다해서 이야기를 계속하여 그 기대에 답하려고 할 것이다. 이렇게 해서 둘 사이에 확립된 화합은 이야기를 성공시키는 열쇠가 된다. 이 화합이 없이는 진정한 의사의 소통이라는 것은 있을 수 없다.

실례로써 시작하라. 그리고 간결하게 하라.

정열적으로 이야기하라

이 책에서 여러 번 강조한 것처럼 정열적으로 강렬하게 이야기할 때 외부로 나타난 활발함은 당신에게나 청중에게 좋은 영향을 준다.

조용히 대화를 나누다가 갑자기 몸을 흔들고 손짓하는 사람을 본 적이 있는가? 그 사람은 처음부터 거침없이 이야기함으로써 열심히 듣고 있는 사람들을 끌어당긴다.

정신과 육체적인 행위와의 관계는 대단히 밀접하다.

윌엄엄 제임스가 지적하고 있는 것처럼 일단 육체가 활력 있게 움직이면 신속하게 정신이 호응할 것이다. 이러한 이유에서 여러분에 대한 나의 충고는 '이야기 안에 자기의 전부를 투입하라'는 것이다. 그렇게 하면 즉석에서의 연설에서 당신의 성공은 보증받을 수 있다.

여유 있게 상황을 판단하라

누군가가 당신의 어깨를 두드리면서,

"몇 마디 이야기해 주시겠습니까?"

하였을 때가 간혹 있었을 것이다. 때로는 아무런 사전 통고도 없이 요구받을 수도 있다.

당신이 마음 푹 놓고 사회자의 말을 즐겁게 듣고 있을 때, 갑자기 사회자가 당신에 대해서 이야기하는 것에 정신이 들 때가 있을 것이다. 모두가 당신 쪽으로 시선을 집중하고, 어느 사이엔가 당신은 다음에 이야기할 사람으로 소개된다.

이와 같은 상황에서는 당신은 당황하여 어쩔 줄 모르게 될 것이다. 그러나 그런 때일수록 당황하지 말아야 한다.

사회자에게 말을 하는 것으로 우선 숨을 돌릴 수가 있다. 그러고 난 다음, 당신이 할 이야기는 그 모임에 밀접하게 관계된 것을 택하는 것이 최선이다.

인간의 특성상 청중은 자기 자신에게, 또한 자기들이 하고 있는 일에 대해서 관심이 많다. 따라서 즉석에서 이야기하기 위한 아이디어를 다음의 세 군데에서 찾아낼 수 있다.

첫째는, 청중 그 자체이다. 부드럽게 이야기하고 싶다면 반드시 기억해 두라. 청중에 관한 것을 화제로 택해야 한다. 그들이 어떠한 사람이며 무엇을 하고 있는가, 그들이 사회에 대해서, 나아가서는 인류를 위해서 하고 있는 선행 등에 관해 말하라.

둘째는, 그 장소의 분위기나 특수성이다. 그 모임을 갖게 된 동기 같은 것을 말해도 좋다.

끝으로는, 당신이 주의 깊게 들었던 이야기를 확대해서 이야기하는 것이다.

즉석에서 하는 이야기 가운데서 가장 잘 받아들여지는 것은, 그 상황에서 찾을 수 있는 이야기이다. 듣는 사람이나 그때의 모임에 대해서 이야기하는 사람이 느끼고 있는 것을 그대로 표현하는 것이다. 그렇게 하면 그 이야기는 꼭 맞는 장갑을 끼는 것처럼 그 장소에 잘 맞을 것이다. 왜냐 하면 그것은 그 장소를 위해서 그 장소에 맞췄기 때문이다.

바로 그곳에 성공의 소지가 있다. 즉석에서의 이야기는 그 장소의 분위기에 따라서 한순간에 꽃이 피고, 또한 바람에 지는 꽃을 보는 동안에 사라지고 만다. 그러나 청중이 맛본 기쁨은 오래도록 남으며, 당신은 즉석에서 이야기 잘 하는 명연사로 보이게 되는 것이다.

즉석 아닌 즉석의 이야기를 하라

'즉석'이라 해서 쓸데없이 아무런 관계도 없는 무의미한 이야기는 아무 소용이 없다.

청중에게 전하고자 하는 요점을 중심으로 부수적인 생각을 논리적으로 만들어 모아야 한다. 또한 열의를 가지고 이야기한다면 사전에 준비한 이야기에서는 찾아볼 수 없는 활기와 생기를 느낄 수 있다.

이 장에서 지적하고 있는 몇 가지 방법을 마음 속에 간직해 두면, 당신은 즉석 화술의 실력자가 될 것이다. 이 장의 첫 부분에서 설명한 강의의 방법에 따라 연습하라. 그러면 모임에 참석하고 있을 때 손쉽게 계획을 세울 수도 있을 것이며, 언제 어느 때 지명될지도 모른다는 가능성을 언제나 염두에 두게 될 것이다. 논평이나 시사를 하도록 요청받으리라 생각될 때에는 다른 연사들을 신중히 관찰하라.

당신의 생각을 간결한 말로 다듬을 수 있도록 준비하고 있다가 그때가 오면 마음 속에 있는 대로 평범하고 명확하게 말하라.

당신의 견해는 정확하게 들어맞을 것이다. 그것을 간결하게 말하고 자리에 앉아라.

건축가이며 공업 디자이너인 노만 게르게디스는 일어서지 않으면 생각을 말로 표현할 수가 없다고 입버릇처럼 말하고 있었다. 사무실을 거닐면서 건물의 복잡한 설계나 구상에 대해서 다른 사람과 이야기를 나누고 있을 때가 그로서는 최고의 상태였던 것이다. 그는 앉은 채로 이야기하는 방법을 배우지 않으면 안 되었다. 물론 그는 그것을 잘 해냈지만.

그러나 우리들은 대부분 이와는 반대이다. 우리들은 일어서서 이야기하는 방법을 배워야 한다. 물론 우리는 충분히 할 수 있다. 그러기 위해서 우선 짧은 이야기를 하나 해 보라. 그리고 또 하나, 다시 또 하나, 또 하나······. 이렇게 꾸준히 연습해야 한다.

그러는 동안에 나중의 이야기는 앞의 이야기보다 하기 쉽다는 것을 느낄 것이고, 이야기의 질도 향상될 것이다. 결국 많은 사람들을 상대로 즉석에서 이야기하는 것이 단지 평상시에 친구들과의 대화와 별 다름이 없음을 알게 될 것이다.

의사 전달의 기술

여기에서도 이 책의 1부에서 제시한
효과적인 화술 방법의 기본에 따르고 있다.
풍부한 표현은 자기의 입에서 나오는
한 마디 한 구절을 청중들과 함께 듣고
의견을 나눌 수 있는 정당한 자격을 얻으려는
노력과 절실한 희망의 결과일 뿐이다.
스스럼없이 이야기하는 능력은
그러한 희망과 노력이 있을 때에야
비로소 갖출 수 있다.

Public speaking and Influencing men in business

01

화술의 방법

Public speaking Influencing Men in Buiness

　　자기 이외의 세계와 의사를 소통하는 데는 네 가지 방법이 있다. 우리들은 이 네 가지에 의해서 평가되고 등급이 매겨지게 된다. 즉, 행동·관점·말, 그리고 태도이다.

　　이 장에서 다루는 것은 이 네 가지 중의 마지막, 즉 이야기의 태도에 관해서이다.

　　나는 처음 사람들 앞에서 화술 강좌를 시작했을 때, 목소리를 아름답게 하고 억양을 부드럽게 하는 훈련에 많은 시간을 보냈다. 그렇지만 그것을 가르친다는 것이 무의미한 짓임을 깨닫게 되었다.

　　물론 3년이나 걸려서 목소리에 의한 의사 전달의 기술을 연마한 사람들은 큰 성과를 보였다. 그러나 내 강의의 수강자들에게는 선천적인 목소리로 말해야 한다고 못박았다.

　　횡격막 호흡을 얻기 위해 소비한 시간과 정열로 보다 나은 자기를 이루려는 목적을 추구한다면 더욱 값지고 훌륭한 가치를 이룰 수 있기 때문이다.

이렇게 생각할 수 있게 한 신에게 감사 드린다.

지나친 자의식을 물리쳐라

나의 강의 중에는 쓸데없는 일에 구속되어 긴장하는 사람을 위한 과정이 있다.

나는 수강자들에게 긴장을 털어 버리고 밖으로 나오면 세계는 자기를 따뜻하게 환영한다는 것을 본인이 직접 체험해 보라고 부탁하였다.

그러나 포쉬 원수가 전술에 대해서 말하고 있는 것처럼, 그것은 생각만으로는 간단하지만 실행하려면 복잡하게 느껴진다. 여기에서 가장 커다란 장해는 '굳어진다'는 것이다. 그것은 육체뿐만 아니라 정신이 굳어지는 것도 포함하는 일종의 경화 현상이다. 청중 앞에서 자연스럽게 행동하는 것은 물론 쉽지 않다. 배우들은 그것을 잘 알고 있다.

어린 시절에는 연단에 올라서서 청중을 향해 있어도 자연스럽게 이야기할 수 있었을 것이다. 그런데 성인이 되어 연단에 올라서서 이야기하려면 어떠한가?

여러분은 4세 때 가지고 있던 무의식의 자연스러움을 잃어버리지 않고 보존하고 있는가? 물론 보존하고 있는 사람도 있을지 모른다. 그러나 거의 대부분은 굳어지며 허세를 부리고, 언행이 부드럽지 않으며, 거북처럼 자신의 껍질 속에 도사리고 있을 것이다.

성인에게 화술을 가르치고 훈련시킨다는 것은 부수적인 특성을 부여하는 것은 아니다. 단지 각종 장해를 제거하고, 본래 갖고 있는 자연스러움으로 이야기할 수 있도록 도와줄 뿐이다.

거듭 말하지만 인간답게 이야기할 것을 부탁하고 싶다. 수강자들에게 좀더 자연스럽게 이야기하는 법을 가르치다 보면, 너무나 피로해서 집으로 올 때는 온몸에 힘이 빠져 버리게 된다. 그만큼 힘든 일인 것이다.

때때로 수강자에게 소설이나 연극의 대화를 방언으로 하도록 요구한다. 극적인 에피소드에 자기를 투입하라는 것이다. 실제로 그렇게 해 보면, 수강자들은 연기가 연설에 비할 수 없을 정도로 서투르다 해도 그렇게 기분이 나쁘지 않음을 알고 자신도 놀라워했다. 또한 학급의 동료가 보여 준 연극의 재능에도 놀랐다. 이렇게 하다 보면 스스로 자연스럽게 변해 감을 느끼게 된다.

당신이 갑자기 느끼는 이 자유는 새장에 갇혀 있던 새가 자유롭게 하늘로 날아가는 것에 비유할 수 있다. 왜 인간이 연극이나 영화관에 모여드는지 당신은 벌써 알고 있었을 것이다. 즉,

그곳에서는 그들과 같은 동등한 사람이 대부분 전혀 억제당하지 않고 행동하는 것을 볼 수 있기 때문이다. 거기서 관객은 인간의 감정이 숨김없이 표현되는 것을 즐긴다.

남의 흉내를 내지 말라

이야기를 자유 자재로 연출할 수가 있고 자기 표현을 두려워하지 않으며, 독특하고 개성적이며 상상력이 풍부한 이야기를 하거나, 다양한 변화를 두려움 없이 사용하는 연사에 대해서 우리들은 존경심을 갖는다.

제1차 세계대전 후, 나는 런던에서 스미스 경 형제와 만난 적이 있다. 처음으로 그 두 사람은 런던에서 호주까지의 장거리 비행에 성공하여, 호주 정부가 제공하는 5만 달러의 상금을 받았다. 두 사람은 대영제국 내에서 화제를 일으키고, 국왕으로부터 나이트騎士 칭호를 받았다.

저명한 사진 작가인 할레이 대위가 이 장거리 비행에 함께 참가하고 영화를 촬영했다. 그래서 나는 두 사람에게 필름을 사용하여 비행 경험을 이야기할 수 있도록 훈련을 시켰다.

두 사람은 4개월에 걸쳐 런던의 필하모닉 홀에서 하루에 두 번씩, 오후와 밤에 교대로 강연을 했다.

두 사람은 같은 경험을 했다. 세계의 반을 나란히 앉아서 비행한 것이다. 그리고 대개는 같은 이야기를 했다. 그런데도 불구하고 웬지 두 사람의 이야기는 똑같이 들리지 않았다.

이야기에는 단순한 언어 이외에 중요한 무엇인가가 있다. 그것은 이야기에 따르는 향기이다. 당신이 어떤 이야기를 하느냐보다 오히려 어떻게 이야기를 하는가가 중요하다.

러시아의 위대한 화가 브라로프는 학생의 그림을 수정해 준 적이 있었다. 그 학생은 수정된 그림을 보고 놀랐다.

"대체 이게 어떻게 된 것입니까? 잠깐 손을 댄 것뿐인데, 전혀 다른 그림이 되고 말았습니다."

그러자 브라로프는 대답했다.

"예술은 잠깐 동안에 새로 시작되는 것이다."

이것은 연설하는 데도 부합되는 것이다.

영국 의회에 전해 오는 격언에 다음과 같은 것이 있다.

"만사는 이야기에서 이루어지는 것이 아니고 이야기하는 방법에 있다."

이 말은 영국이 로마의 식민지였던 시대에 수사학자인 킨티리안이 한 말이다.

포드 자동차 회사에서는 매년,

"포드 차의 구조는 어느 것이나 똑같습니다."

라는 선전 문구를 사용하고 있었지만, 비슷할지는 모르지만 똑같을 수는 없다. 세상이 제아무리 넓다고 해도 새로운 생명은 그들대로의 새로운 존재이다. 어떤 것이든 똑같은 것은 지금까지 존재하지 않았으며, 앞으로도 절대로 없을 것이다.

우리는 이 점을 분명히 명심해야 한다. 눈에 뜨일 정도로 자기를 타인과 구별할 수 있는 개성을 모색하고 육성하라. 사회나 학교는 그러한 개성에 다리미질을 해서 곱게 펴려고 할지도 모른다.

사회나 학교에서는 인간을 똑같은 형태로 만들려는 경향이 있지만, 결코 개성의 번쩍이는 빛을 잃어서는 안 된다. 그것이야말로 당신을 중요하게 만드는 유일한 가치이기 때문이다.

이러한 독특한 개성은 화술에 있어서 대단히 중요하다. 당신처럼 인간은 모두 두 개의 눈과 하나의 코와 입을 가지고 있다. 그러나 누구 한 사람이라도 당신과 똑같은 모습을 가진 사람은 없다.

즉, 당신이 이야기하는 것과 똑같게 이야기하고 표현할 수 있는 사람은 아무도 없다. 화자로서의 개성은 무엇보다 귀중한 재산이다. 거기에 매달려서 그것을 귀중하게 여기고 그것을 키워라. 그것은 당신의 이야기에 힘과 진실함을 나타내게 하는 불꽃이 된다. 자기를 억지로 틀에 넣어, 그것에 의해서 독자성을 잃어버려서는 안 된다.

청중과 이야기를 나눠라

전에 스위스의 알프스 산맥에 있는 피서지, 말렌에 갔을 때 런던의 어느 회사가 경영하는 호텔에 머무른 적이 있었다.

그 호텔에는 매주 두 사람의 강연자가 영국에서 파견되어, 묵고 있는 손님에게 이야기를 하게 되어 있었다. 그 중의 한 사람은 영국의 유명한 여류 작가였다.

그녀의 주제는 '소설의 미래'였다. 그녀는 그 주제를 자기가 선택하지 않았음을 밝혔다. 그래서인지 그녀에게는 연사의 기본 조건인 정열적인 의욕이나 진실성 따위는 찾아볼 수 없었다.

서둘러 준비한 탓인지 통일성이 없는 메모를 만들어 청중 앞에 서서 듣는 사람들을 무시하고 청중의 머리 위 먼 곳을 바라본다든가 메모지에 눈길을 모으기도 하고, 테이블을 보면서 청중에게는 눈을 돌리려고 하지 않았다. 시선을 허공에 던지고 힘없는 목소리로 마치 시공을 초월하여 허공을 향해서 말하고 있는 것 같았다.

이것은 독백에 지나지 않는다. '의사 전달의 감각'이야말로 뛰어난 연설의 첫번째 필수 조건인 것이다. 이야기하는 사람의 머리와 마음에서, 청중들의 머리와 마음에 곧바로 무엇인가가 전해지고 있다는 느낌을 주어야 한다.

앞서 예를 든 여류 작가처럼 이야기할 바에는 차라리 고비 사막에 가서 혼자 지껄이는 편이 낫다.

예전에는 화술이라는 것이 규칙이나 의식에 얽매여서 신비화되었다. 그래서 화술을 배우려는 사람들은 그러한 구태의연한 방법에 의존해야 했다.

이야기하는 방법을 배우려고 도서관이나 서점을 찾는 비즈니스맨은 별다른 효과가 없는 《웅변술》에 관한 책을 보게 된다.

다른 방면에서는 크게 진보하는 데도 불구하고, 오늘날 미국의 학생들은 강제적으로 웅변가의 명연설을 암기하고 있다. 그것은 다람쥐의 머리를 모방한 타이어의 공기 펌프와 마찬가지로 무의미하고 시대에 뒤떨어진 교육 방법이다.

새로운 화술을 가르치는 학교는 1920년대부터 생기기 시작했다. 이곳에서는 현대의 정신에 보조를 맞추어 새롭고 실제적이며, 전보처럼 직접적이고, 효과적인 광고처럼 능률적으로 가르쳤다. 지난날 유행하던 많은 말들은 오늘날의 청중에게는 흥미를 줄 수 없다.

청중의 많고 적음이나 모임의 성격에 관계없이 현대의 청중은 이야기하는 사람이 잡담하고 있을 때와 마찬가지로 솔직하게, 또 누군가와 단둘이 이야기하는 것처럼 평범한 태도로 얘기하되, 다만 그보다는 정열적으로 강렬하게 이야기할 것을 요구한다.

많은 사람들을 상대로 이야기할 때는 그 사람들 모두의 관심을 집중시켜야 하기 때문이다. 그것은 빌딩 옥상에 있는 모습을 지상에 있는 관찰자들에게 보이기 위해서는 그 크기를 거대하게 해야 하는 것과 같은 이치이다.

네바다의 광산촌에서 마크 트웨인의 연설이 끝나자, 한 의사가 다가오면서 물었다.

"당신은 언제나 그처럼 자연스런 웅변을 할 수가 있습니까?"

이처럼 청중은 자연스러운 연설을 듣기 원한다.

이 자연스러운 연설을 하는 유일한 방법은 오로지 연습에 있다. 그리고 연습을 하는 사이에 만일 과장된 태도로 이야기하고 있는 자신을 깨달았다면 잠깐 중지하고 마음 속으로 엄격히 꾸짖어야 한다.

"야! 어떻게 된 거냐? 눈을 떠라! 인간답게 해라."

그리하여 마음 속으로 청중 속에서 뒤쪽에 앉은 사람이나 이쪽에 제일 주목하지 않는 사람에게 말을 걸어 보라. 그리고 그 사람과 이야기를 나누어라. 그 사람이 질문을 하면 당신은 그것에 대답하는 반면에, 그 질문에 대답할 수 있는 사람은 당신한 사람뿐이라고 생각하는 것이다.

만일 그 사람이 일어서서 당신에게 말을 걸고 당신이 그것에 대답을 한다면, 그 과정은 당신의 이야기를 보다 회화적이고 자연스럽게, 그리고 보다 직접적으로 만들 것이다.

그러므로 실제로 질문을 해도 자신 있게 답을 할 수 있을 것이다. 예를 들면 이야기를 하고 있는 중에 이렇게 말해 보라.

"이 주장을 납득시킬 만한 어떤 증거가 있느냐고 여러분은 질문하시겠지요. 있습니다. 틀림없는 증거가. 그것은……"

이렇게 그 질문에 대답해 나간다.

이와 같이 이야기는 대단히 자연스럽게 이루어질 수 있다. 그리고 이야기의 단조로움을 없애줄 것이고, 솔직하고 즐거운 분위기를 만들어 줄 것이다.

상공회의소의 모임에서도 친구에게 말을 거는 것처럼 말할 수 있다. 상공회의소의 모임이란 무엇인가? 그것은 결국 친구들의 모임이 아니겠는가? 그렇다면 친구와 개인적으로 이야기할 때와 같은 방법을 취하면 그 모임에서도 틀림없이 성공할 것이다.

이 장의 처음에서 어느 여류 작가의 이야기 태도를 언급했었다. 그로부터 며칠 후, 그녀가 연설했던 장소에서 우리들은 올리버 로지 경의 연설을 듣게 되었다.

경의 주제는 '원자의 세계'였다. 로지 경은 이 주제에 대해서 반 세기에 이르는 고찰과 연구와 실험과 조사를 해 왔다. 로지 경은 근본적으로 그의 사고와 정신과 생명의 일부로 되어 있는 무엇, 정말로 말하고 싶은 무엇인가가 있었던 것이다.

그는 자기가 연설한다는 것을 잊어버리고 말았다. 그런 것에는 조금도 마음을 쓰지 않았던 것이다.

그가 마음에 두고 있었던 것은 단지 청중에게 원자에 관해서 정확하고 명쾌하게 감정을 넣어서 이야기하고자 하는 것뿐이었다. 경은 자기가 본 것을 우리들에게도 보여 주고 느끼게 하려고 열심히 노력했다.

결과는 어떻게 되었겠는가?

로지 경의 이야기는 훌륭한 하나의 작품이 되었다. 매력과 강렬함이 넘쳐흘렀다. 그 이야기는 강한 인상을 안겨 주었다. 경은 비상한 능력을 가진 연사였다. 그러나 그는 자신을 결코 그렇게 생각하지 않았으며, 듣는 이들도 그를 '연설가'라고 생각하지는 않았다.

당신의 이야기를 들은 사람들이 화술의 훈련을 쌓은 것이 아니냐고 생각하는 것은 좋지 않다. 더구나 내 강의의 강사들에게 있어서 그것은 불명예이다. 당신이 정식으로 훈련을 받은 일이 있다는 것을 청중이 꿈에라도 생각지 못하게, 자연스럽게 이야기하는 것이야말로 당신의 지도를 맡았던 강사들의 뜻인 것이다.

잘 닦여진 창은 그 자체로는 아무런 주의도 끌지 못한다. 다만 빛을 통해서 나타날 뿐이다. 뛰어난 연사도 이와 같다. 너무도 자연스럽기 때문에 듣는 사람은 마음놓고 이야기하는 사람의 태도에는 주의를 기울이지 않는다. 다만 이야기하고 있는 내용밖에 의식하지 못한다.

자신을 이야기에 투입하라

성실히 그리고 열심히 진실하게 이야기하는 것은 당신을 돋보이게 한다. 사람이 감정에 강하게 지배되어 있을 때는 그 사람의 진정한 자아가 표면에 나타난다.

그러면 감정의 불꽃이 울타리를 태워 버려 청중과 연사 사이의 장벽이 없어지게 된다. 그러한 사람은 무의식적으로 행동하고 무의식적으로 이야기한다. 모두 자연스럽다. 그 이유는 이야기에 자기를 몰입시켰기 때문이다.

딘 브라운은 예일대학 신학부에서 설교에 관하여 강의하는 중에 다음과 같이 말했다.

언젠가 런던의 교회에서 조지 맥도널드라는 친구가 한 설교를 아직도 기억합니다. 그날 아침의 설교는 히브리서 제11장의 가르침에 관한 것이었습니다. 성구의 제창이 끝나고 설교할 때가 되자, 그는 이렇게 말했습니다.

"이렇게 신앙이 깊은 사람들에 대해 여러분은 잘 알고 계십니다. 신앙이 무엇인지는 구태여 다시 한 번 설명할 생각은 없습니다. 여기에는 나보다도 더 박학하신 신학 전공의 선생님들이 많이 계심에도 불구하고 내가 감히 여기에 선 것은 여러분의 신앙 생활을 돕고 싶었기 때문입니다."

그리하여 그는 모든 사람들의 머리와 마음에 신앙이 생기도록 눈에 보이지 않는 영원의 진리에 대한 자기 자신의 신앙을 소박하게 마음의 밑바닥에 강력하게 표현했습니다. 그의 이야기는 진실했고 이야기하는 태도는 공손했습니다. 그는 순수하고 아름다운 내적 생활에 뿌리가 내려 있었기 때문입니다.

"그의 이야기는 진실했기 때문에……"

비결은 바로 이것입니다.

그러나 이러한 충고가 일반적으로 받아들여지지 않았다는 것을 나는 알고 있다. 그것은 분명하지 않고 막연하게 들리기 때문이다. 보통 사람들은 오류가 전혀 없는 절대로 확실한 방법, 분명한 것, 손으로 잡을 수 있는 것, 예를 들면 자동차를 운전하는 것처럼 분명한 법칙을 원한다.

그러한 방법만 있다면 내가 이야기하려고 하는 것을 훨씬 쉽게 터득할 수 있을 것이다.

현재 그러한 법칙이 전혀 없지는 않다. 다만 이 법칙에는 한 가지 결점이 있다. 결점은, 실제로는 쓸모가 없다는 것이다. 그 법칙은 사람의 이야기에서 태평스러운 자연스러움과 생명, 그리고 윤이 나는 싱싱함을 찾기 어렵게 한다.

나는 잘 알고 있다. 젊은 시절에 그와 같은 법칙을 사용하려고 하다가 불필요하게 많은 시간과 정력을 낭비한 사람들을. 그러한 법칙은 이 책에는 나오지 않는다.

미국의 유머 작가인 조스빌 링스가 한 말을 기억하라.

"진실이 아닌 것은 아무리 많이 알고 있어도 쓸모가 없다."

애드먼드 버크는 논리에 있어서나 또 구문에 있어서 훌륭하고도 가치가 있는 연설문을 썼기 때문에, 그의 연설문은 오늘날까지도 미국의 대학에서 웅변의 고전적인 모범으로서 연구되어 오고 있다.

그럼에도 불구하고, 연설가로서는 아주 실패했음은 숨길 수 없는 사실이다. 주옥 같은 연설문은 있는데, 흥미 깊고 강렬하게 말하는 능력을 갖추지 못했다. 그 결과, 그는 '하원의 저녁 식사 시간을 알리는 종'이라는 별명을 얻었다.

그가 일어나서 이야기를 하려고 하면 대개의 의원들은 일부러 큰 기침을 한다든가 괴로운 몸짓을 하고, 심지어는 조는 사람이나 살금살금 나가 버리는 사람도 있었다.

아무리 강철로 만든 탄환이라도 손으로 던진다면 상대편을 맞출 수는 없다. 그러나 분필을 탄환 대신 사용해서 화약을 넣어 발사한다면 판자라도 뚫고 나갈 수가 있다.

강철로 만든 탄환처럼 뛰어난 이야기가 배후에 어떤 힘도 자극도 없었기 때문에, 그 효과에 있어서 화약을 넣은 백묵의 탄환과 같은 이야기보다 뒤떨어져 있는 예가 많음은 아무리 생각해도 유감스러운 일이다.

부수적인 요소는 원인이 아니라 결과이다

사람들에게 이야기하려 할 때, 우리들은 목소리나 몸짓 등 다양한 요소를 이용한다. 어깨를 움츠리거나, 눈썹을 찡그리거나, 목소리를 크게 하거나, 목소리의 톤이나 억양을 변화시킨다든가, 내용에 따라서 빨리 이야기를 한다.

이와 같은 요소는 모두 원인이 아니라, 결과임을 기억해 두어야 한다. 즉, 이러한 요소 때문에 이야기의 내용이 정해지는 것이 아니라, 그와 반대로 이야기하면서 저절로 나타나는 현상이라는 것이다.

대부분의 사람들이 나이를 먹어도 젊었을 때의 태평스럽고 자연스러움을 사랑하는 까닭에 발성이나 몸가짐을 반드시 어떤 형태에 적당히 맞추려는 경향이 있다.

활기 있는 제스처를 이용하려고 마음먹은 사람도 소리를 높인다든가 낮춘다든가 하는 간단한 변화도 만들어 내지 못한다. 한 마디로 말해서 회화의 신선함과 자연스러움을 잃고 마는 것이다.

이야기할 때 일률적으로 늦춘다든가 빠르게 하기가 쉽다. 또한 웬만큼 조심하지 않으면 야무진 곳 없이 산만하게 되곤 한다.

이 책에서 나는 거듭 '자연스럽게 행동하십시오' 하고 권해 왔다. 그렇다면 너그럽게 보아줄 것이라고 생각할지도 모른다. 그러나 내가 자연스럽다고 하는 것은 우리들의 몸에 밴 생각을 마음에 담아서 표현하라는 의미이다.

능란한 솜씨를 가진 화자는 말수를 늘인다든가, 비유적인 표현이나 자연스러움으로 자기를 개선하는 능력이 모자람을 꺼림칙하게 여기지 않는다. 자기를 개량하는 것에 관심을 가지는 사람은 어떻게든 그것이 드러나기 마련이다. 따라서 무언가 껄끄럽게 느껴지게 된다.

성량이나 소리의 높낮이, 그리고 이야기 속도에 관해서 자기비판을 하는 것은 훌륭한 태도이다. 그런 사람은 녹음 테이프의 도움을 받으면 좋다. 동료나 친구에게 비평을 받는 것도 좋은 방법이다. 그리고 전문가의 조언을 받을 수 있다면 더욱 좋은 일이다.

그러나 염두에 두어야 할 점은, 청중이 없는 곳에서의 연습이다. 청중 앞에서 이야기할 때 기교에 정신을 쓴다면 이야기의 효과를 현저히 줄게 할 것이다.

일단 청중 앞에 나서면 이야기 속에 자기를 몰입시키고, 청중에게 지적?정서적인 인상을 안겨주는 것에 전심 전력을 기울여라. 그렇게 하면 대부분은 독서에서 얻어지는 감동과는 비교할 수 없을 정도의 강력하고도 설득력 있는 연설이 될 것이다.

PART 005

효과적인 화술이 요구하는 것

5부에서는 이 책이 인용하고 있는 원칙이나
기술을 사교적 회화에서부터 공식적인 연설에
이르는 각 단계의 일상적인 이야기와
관련시켜 서술했다.
이제 당신들이 훈련장을 떠나 혼자
이야기하려고 할 때, 모든 이야기는 두 가지 형태
—다른 연사의 소개말이나 직접 연설하는 경우—
로 분류된다. 이 두 가지 형태의 이야기를
각 장으로 나누어 분류해서 설명했다.
마지막 장에서는 이 책에서 다른 원칙이
대중 앞에 이야기하는 경우와 마찬가지로
일상 생활에도 도움이 될 수 있다는 것을
다시 한 번 강조했다.

01

화재의 소개

Public speaking Influencing Men in Buiness

사람들 앞에서 이야기하도록 지명되었을 경우, 당신은 다른 연사를 소개하는 짧은 이야기를 하게 되거나 지식을 제공한다든지, 즐겁게 한다든지, 사람의 마음을 움직인다든지, 설득한다든지 하는 것을 목적으로 이야기를 할 것이다.

당신은 시민의 모임에서 사회자로 임명될지도 모르며, 부인회의 한 사람으로서 주빈을 소개하는 일을 맡을 수도 있고, 지방의 사친회에서, 세일즈맨의 클럽에서, 조합의 회합에서, 정치 집회에서 이야기할 때가 있을 것이다.

직접 연설하는 경우에 필요한 기교는 다음 장으로 돌리고, 이 장에서는 청중에게 소개할 때의 화술을 언급하겠다. 또 상을 수여한다든가, 상을 받는다든가 할 때에 도움이 되는 몇 가지 방법을 설명하겠다.

작가이며 명연설인인 존 메이슨 브라운은 어느 날 저녁, 자기를 청중에게 소개하는 역할을 맡은 사람과 이야기를 하고 있었다.

그 사람은 브라운을 향하여 말했다.

"무엇을 이야기할 것인가를 걱정하지 말고 즐거워하십시오. 사전에 연설을 준비하는 것에 나는 반대합니다. 실제로 준비할 것은 아무것도 없습니다. 사전에 준비하는 것은 신선한 매력만 감소시킬 따름입니다. 나는 무조건 일어나서 떠오르는 영감을 말합니다. 이런 방법을 사용해서 실패한 적은 한 번도 없었습니다."

브라운 씨는 《익숙해지기는 했는데》라는 제목의 저서에서 그 사람이 훌륭한 소개말을 하리라 기대하였다고 회고하고 있다.

그런데 그 사람이 일어나서 시작한 소개말은 참으로 어처구니없는 것이었다.

여러분, 잠깐 귀를 기울여 주시겠습니까? 오늘밤은 나쁜 소식이 있습니다. 우리들은 처음에는 아이작 F. 마코슨 씨에게 이야기를 해 주십사 부탁했으나 안타깝게도 마코슨 씨는 병환으로 나오시지 못했습니다. 박수 그래서 다음으로 브레드리치 상원의원에게 이야기를 해 줄 것을 부탁했습니다만 그것도 실패했습니다. 박수 그래서 그 대신으로 존 메이슨 브라운 씨에게 부탁한 것입니다.

브라운 씨는 이때를 상기하면서 다음과 같이 솔직하게 적었다.

"영감 지상주의인 사회자는 다행히도 나의 이름만은 올바르게 기억해 주었다."

물론 영감이 만사를 잘 해결하리라고 확신을 가졌던 이 사람은 일부러 그렇게 행동하려 해도 그 이상 서투르게 하지는 않았을 것이다. 그의 소개말은 소개하고자 하는 연사에 대해서도, 이야기를 듣고자 하는 청중에 대해서도, 의무를 등한시하고 있다. 그것은 특별한 의무는 아니더라도 매우 중요한 것이다. 그런데도 많은 사회자가 그것을 자각하지 못하고 있음은 유감스런 일이다.

소개말의 목적은 화자와 청자를 연결해서 우호적인 분위기를 조성하여 상호 연대감을 만들어 내기 위한 것이다.

'사회자는 긴 이야기를 할 필요는 없다. 다만 연사를 소개하는 것만으로 족한 것이다.'

라고 생각하는 사람은 과오를 범하고 있는 것이다. 소개말은 대부분 소홀히 다룬다. 그것은 그 의미를 제대로 파악하지 못하는 사회자가 그것을 경시하기 때문이다.

소개라는 영어 단어는 두 개의 라틴어가 모여서 된 것인데, 화제에 훌륭히 우리들을 끌어들여서 무엇을 이야기할 것인가, 그리고 무엇을 들은 것인가를 유도하는 역할을 의미하고 있다.

청중에게 화자가 어떠한 주제를 이야기할 충분한 자격이 있음을 알려 주어 청중과 화자의 튼튼한 고리를 만들어 주어야 한다. 또한 그것은 될 수 있는 대로 짧은 시간에 하는 것이 좋다.

이것이 본래의 소개하는 방법이다. 그러나 실제로 그렇게 하고 있을까? 대부분의 대답은 '아니오'일 것이다. 대부분의 소개말은 무성의하고 무계획적으로 행해지고 있다.

소개하는 사람이 자기 역할의 중요함을 자각하고 올바른 방법으로 의무를 다한다면 틀림없이 그 사람은 의장이나 사회자로 뽑힐 것이다.

다음에는 소개말에 도움이 되는 방법 몇 가지를 소개하겠다.

신중하게 준비하라

소개말은 대략 1분 정도 소요되는 짧은 이야기이지만, 신중한 준비가 필요하다.

우선 다음의 세 항목을 중심적으로 설명해야 한다.

첫째는 이야기의 주제이고, 둘째는 그 주제에 대해서 이야기하는 연사의 자격, 그리고 셋째는 연사의 이름이다. 거기에 넷째 항목이 추가될 때도 있다. 그것은 연사가 선택한 화제가 왜 청중에게 특별한 관심사가 되는가 하는 것이다.

소개하는 사람은 연사가 이야기를 어떻게 전개하려는지 어느 정도는 알고 있어야 한다. 그러나 이야기할 내용을 알고 있다고 해서 시작도 하기 전에 그 내용에 관해 이야기해서는 안 된다.

소개말에서 연사가 무엇을 이야기하려는가를 예고하는 것은 삼가야 한다. 소개자는 주제를 정확하게 전하고, 그것이 청중의 이해에 밀접한 관계가 있다는 것을 지적하는 것이 좋다. 될 수 있다면 이와 같은 정보는 연사에게서 직접 제공받는 것이 가장 확실한 방법이다.

제삼자에게 의뢰할 때는 자료를 제공받고, 집회 시작 직전이라도 연사에게 확인을 받아야 한다.

대부분의 소개자는 이야기할 사람의 경력에 관한 사전 지식을 준비하는 것이 보통이다. 이야기할 사람이 이름 있는 명사라면, 여러 자료를 참조해서 정확한 자료를 손에 넣어야 한다.

극히 한정된 범위에서 유명하지 않은 사람의 경우에는 그 사람이 일하고 있는 곳의 인사과에라도 찾아가서 알아본다든가, 당사자가 가족에게 전화해서 당신이 조사한 사실을 확인할 수가 있다. 중요한 것은 당신이 소개할 사람의 경력 등의 사실을 올바르게 손에 쥐어야 한다는 것이다. 연사와 친한 사람들은 여러 가지 자료를 즐겁게 당신에게 제공해 줄 것이다.

물론 사실을 너무 많이 나열하는 것도 지루함을 가져다 준다. 예를 들면 어느 사람을 박사라고 소개할 경우에 학사 또는 석사의 학위를 일일이 열거하는 것은 쓸데없는 짓이다. 마찬가지로 그 사람이 대학을 나와서 그 동안 거쳐온 지위를 나열하기

보다는, 현재 그 사람이 맡고 있는 최고의 직위만을 알리는 것이 가장 좋다.

일전에 어느 유명한 연사가 시인인 W. B. 예이츠를 소개하는 것을 들은 적이 있다.

예이츠는 자작시를 낭독하기로 되어 있었다. 그리고 그는 3년 전에 문학가에게는 최대의 영예인 노벨 문학상을 수상하였다. 사회자는 다른 것은 몰라도 이 두 가지 사실만은 꼭 밝혀야 했다. 그런데 사회자는 이와 같은 사실을 완전히 무시하고, 신화나 그리스의 시에 대해서만 말했다.

그리고 연사의 이름은 정확하게 알려야 하고 정확하게 읽는 방법에 습관화되도록 해야 한다.

존 메이슨 브라운이 존 브라운 메이슨이라고 소개된 적도 있었으며, 심할 때에는 존 스미드 메이슨이라 불려진 때도 있었다. 캐나다의 유명한 유머 작가인 스티븐 리콕은 그의 수필 《오늘 밤은 우리의 것》에서 그가 받았던 소개말에 관해서 서술하고 있다.

우리들은 릴로이드 씨가 어서 나오기를 기다리고 있습니다. 언제나 릴로이드 씨의 작품을 대하고 있어서 이렇게 처음 만나 뵈어도 마치 구면인 듯한 기분이 듭니다. 지나가는 사람 아무나 붙잡고 물어 보아도 릴로이드라는 이름을 모르는 이는 거의 없을 것입니다. 그 사람을 여러분에게 소개하게 된 것을 기쁘게 생각합니다. 여러분 릴로이드 씨입니다.

소개말은 구체적이어야 한다. 그래야만 소개말의 목적_{청중의 관}심을 높여 동의를 얻는 데 부담 없게 할 것을 달성할 수가 있기 때문이다. 준비 부족인 채 회의장에 이르는 사회자는 다음과 같은 분명치 않고 졸음에 취한 듯한 소개말밖에 떠오르지 않을 것이다.

"우리들의 연사는 가는 곳마다 이야기의 주제에 관해……에 또, 그 권위자로서 인정되고 있습니다. 우리들은 이 문제에 관한 그분의 이야기에 깊은 관심을 갖고 있습니다. 이 같은 것은, 씨는, 대단히…… 대단히 먼 곳에서 오셨습니다. 여기서 여러분에게…… 잠깐 기다려 주십시오…… 아, 그렇습니다…… 브랭크 씨를 소개하게 된 것을 기쁘게 생각합니다."

TIS공식에 따르라

소개말에 있어서 당신이 조사한 사실을 구성하는 데는 TIS 공식이 매우 효과적이다.

① T는 Topic…… 주제이다. 소개할 때에는 이야기의 주제를 정확하게 말해야 한다.

② I는 Importance…… 중요성. 이 단계에서 화제와 청중의 특수한 이해 관계에 다리를 놓는 것이다.

③ S는 Speaker······ 화자. 여기에서는 화자의 자격, 특히 주
    제를 논할 수 있는 자격을 소개한다. 끝으로 화자의 이름
    을 정확하고 분명히 알려야 한다.

그렇다면 형식적이고 무미 건조하게 이 공식에 맞추라는 것
은 아니다. 이 공식을 적용하되 보일 듯 말 듯 자연스럽게 하라
는 것이다. 다음과 같은 예가 있다.

뉴욕의 신문 편집자인 호머 본이 뉴욕의 전화 회사의 중역인
조지 웰바움을 신문 관계자 클럽에 소개할 때의 일이다.

오늘 강연자의 이야기 주제는 '전화는 당신들에게 봉사합니
다'입니다. 여러분은 전화에 대한 수수께끼 같은 의문을 모두
갖고 계실 것입니다.

왜 번호가 다르게 되었는가? 왜 뉴욕에서 시카고에 전화를
거는 것이 자기의 마을에서 고개를 하나 넘은 마을에 거는 것
보다 빨리 통화할 수 있는가?

우리들의 연사는 그 대답과 전화에 관해서, 그리고 그 외의
의문에 대한 대답도 해 주실 것입니다. 20년이라는 긴 세월을
전화 사업에 종사하셨고, 다른 사람들에게 그 사업의 내용을
밝혀주는 것이 그분의 일입니다. 웰바움 씨는 실로 전화 회사
의 중역 중의 기둥이라 해도 좋을 사람입니다.

웰바움 씨는 이제부터 전화 회사가 어떻게 우리들에게 봉사

하고 있는가를 이야기해 주실 것입니다. 오늘 이 이야기에 호의를 갖고 있는 사람이 계시다면 웰바움 씨를 수호신이라 생각해 주십시오. 최근 전화 때문에 어려움을 겪으신 분이 있다면 웰바움 씨를 소개합니다.

소개자가 얼마나 기묘하게 청중들이 전화에 대해서 생각하는 마음을 갖게 했는가에 주의해 보라. 청중에게 질문을 하면서 호기심을 일으키고, 이야기하는 사람이 그들의 질문에 대답할 것이라고 암시를 하고 있다.

이 소개말은 사전에 작성되었다든가, 암기한 것이 아니었다. 이렇게 활자화되었어도 그것은 평상시의 회화같이 자연스럽게 들린다. 소개말은 결코 암기해서는 안 된다.

코넬리아 오키스 스키너는 어느 모임에서 사회자로부터 소개받은 적이 있었다. 그 사회자는 암기하고 있던 말을 하기 시작했으나 그만 잊어버리고 말았다. 그래서 왔다갔다하면서 크게 숨을 쉬면서 말했다.

"처음에 강연자로 초대하려고 했던 버트 제독은 대단히 바쁘신 탓으로, 오늘밤은 그분 대신으로 미스 코넬리아 오키스 스키너 씨가 나와주셨습니다."

사회자는 연사가 스스로 원해서, 또한 청중이 원해서 모임에 온 것처럼 부드럽게 말해야 한다.

앞서 예로 들은 웰바움 씨의 경우,

"즐겁고 기쁘게 할 것입니다."

"길이 남는 영광입니다."

이와 같은 상투적인 문구는 전혀 사용하고 있지 않다. 이야기하는 사람을 소개하는 최상의 방법은 단순히 이름만을 밝히든지,

"○○○씨를 여기 소개합니다."

라고 하는 것이 좋다.

때로는 너무 길게 이야기해서 청중의 반감을 사는 사회자도 있다. 이야기하는 사람과 청중에게 자기의 중요함을 인상 깊게 하기 위해서 열띤 웅변을 하는 사회자도 있다. 또 때로는 불필요한 멋을 부린다든가, 연사의 직업에 대해서 구구절절이 이야기하는 이도 있다.

소개라는 목적을 효과적으로 달성하기를 바라는 사람이라면 이러한 과오는 피해야 한다.

여기 TIS 공식에 충실하면서도 독자적인 개성을 잃지 않는 또 하나의 소개말이 있다.

소개자인 에드가 L. 사더딕이 저명한 과학 교육자이며 편집자이기도 한 제럴드 웬트를 소개하면서 공식의 세 가지 면을 기묘하게 짜나간 방식에 특히 주의해 보라.

'오늘의 과학'이라는 주제는 실로 중요한 문제입니다. 자기의 몸 속에 고양이가 들어 있다는 환각에 사로잡혀 있는 정신병 환자가 있습니다.

아무리 해도 환각에서 벗어나게 할 수가 없었으므로, 의사는 겉으로는 그럴 듯해 보이도록 수술을 하는 척했습니다. 환자가 마취에서 깨어나자 의사는 환자에게 검은 고양이를 보인 후, 괴로움이 없어졌다고 위안을 했습니다. 그러자 환자는 이렇게 대답했습니다.

"선생님, 나를 괴롭히는 고양이는 회색입니다."

오늘의 과학도 이와 같은 것입니다. 우라늄 235라고 불리는 고양이를 잡으려 하면 네프류늄이나 플리토늄·우라늄 223 등의 고양이 무리가 몰려옵니다. 원소라는 것은 시카고의 겨울처럼 압도적입니다.

최초의 원자 과학자라고 할 수 있는 왕년의 연금술사는 죽음의 책상에서 우주의 신비를 찾아내기 위해 하루의 생명을 기원했습니다. 그리고 오늘날의 과학자는 꿈에서도 보지 못한 우주 과학의 신비를 찾아냈습니다.

오늘의 강연자는 과학의 현재와 미래에 대한 그 모든 것을 알고 있는 분입니다. 그분은 시카고 대학의 화학 교수이자 펜실베이니아 주립 대학의 학장이며, 오하이오 주 코론바스의 바델 사업조사연구소의 이사장을 역임하고 계십니다.

정부 기관에 재직한 적도 있으며, 편집자이기도 하고 저술가이기도 합니다. 또한 아이오와 주 다펜포트에서 태어나서 하버드 대학에서 학위를 받았습니다. 군수 공장의 일에도 연구를 했으며, 유럽을 여행하기도 했습니다.

그리고 몇 개의 과학 분야에 있어서 많은 교과서의 저자이며 편집자이기도 합니다. 그 중에서 가장 유명한 것은 《내일의 세계를 위한 과학》이란 것입니다. 이것은 뉴욕 세계박람회의 과학 부분의 총지휘를 맡았을 때 출판되었습니다.

또한 《타임》《라이프》《포》, 그리고 《마치 오브 타임》의 편집 고문으로서, 그분의 과학 뉴스 해설은 광범위한 독자를 가지고 있습니다. 그의 저서로서 《원자 지대》가 출판된 것은 1945년, 원폭이 히로시마에 떨어진 10일 후였습니다.

'정말로 훌륭한 것은 이제부터 온다' 는 말을 가장 좋아하는 사람, 《사이언스 일러스트레이티드》의 편집장인 제럴드 웬트 박사를 소개함을 자랑으로 여기며, 여러분은 그의 이야기를 즐겁게 듣게 될 것입니다.

그리 오래 전의 일은 아니지만, 사회자는 연사를 과대 평가하는 것이 일종의 유행이었다. 모든 찬사가 사회자에 의해서 연사에게 쏟아졌다. 마음이 약한 연사는 사실이 아닌 일에 찬사를 들음으로써 거북하게 느낀다. 반면에, 연사의 인품을 비하시켜서도 안 된다.

스티븐 리콕은 언젠가 이런 소개말을 들은 적이 있다.

오늘 강연은 이 해 겨울의 연속 강연의 첫회입니다. 지난 해에 개최한 것은 여러분도 알고 계신 것처럼 성공적이었다고는 볼 수 없습니다. 실제로 적자였습니다. 그래서 금년에는 방침을 새로이 해서 실제적으로 사례비가 싼 강연자에게 의뢰하기로 했습니다. 여러분, 리콕 씨를 소개하겠습니다.

리콕 씨는 그 사회자에게 다음과 같이 말했다.

"사례비가 싼 강연자라는 명찰을 달고 청중 앞에 나서는 것이 어떤 기분이었는가 생각해 보십시오."

확실한 태도로 말하라

연사를 소개할 때의 태도는 소개자와 마찬가지로 중요하다. 진심으로 친밀감이 넘치고 즐거운 태도를 보여야 한다.

이야기할 사람의 이름을 밝히는 순간에 클라이맥스를 조성하는 느낌으로 소개한다면 기대감이 증가되고, 청중은 더욱 열광적인 박수로써 연사를 환영할 것이다. 청중의 이런 호의는 연사에게 최선을 다하게 하는 자극제가 된다.

소개말의 끝부분에서 연사의 이름을 밝힐 때는 휴식·분리·힘, 이 세 가지의 원칙을 기억하라.

휴식이라는 것은 연사의 이름을 말하기 전에 잠깐 침묵함으로써 사이를 두고 기대를 갖게 하는 것을 의미한다. 분리는 이름을 한 자 한 자 분명하게 이야기하는 것이다. 힘이라는 것은 이름을 힘있게 말하라는 의미이다.

또 한 가지 주의할 것이 있다. 연사의 이름을 말할 때는 그 연사를 보지 말고 청중 쪽을 향한 채 끝까지 마친 다음, 연사를 바라보도록 하라. 훌륭한 소개말을 하고 나서 마지막에 가서 연사를 바라보고 당사자인 본인에게 그 이름을 말하여 실패한 사회자를 나는 수없이 보아 왔다.

성실하게 하라

성실한 자세로 임해야 한다. 중상 모략적인 말이나 가시가 돋친 농담은 피해야 한다. 그 같은 소개는 일부의 청중에게 잘못된 해석을 유도할 수 있다. 무엇보다도 성실하게 해야 한다. 당신은 최고의 세련과 임기 응변을 필요로 하는 사교장에 와 있기 때문이다.

때로는 당신과 연사와는 친한 사이일 수도 있겠지만, 청중은 그렇지가 않다. 당신에게는 아무렇지 않은 일이 청중에게는 어처구니없는 의미를 갖게 할 때가 있다는 것을 명심해야 한다.

수상자의 소개말

"모든 사람들의 최대의 희망은 인정을 받는 것, 즉 명예를 얻는 것임은 이미 증명되고 있습니다."

여류 작가인 마젤리 윌슨의 이 말은 일반적인 감정을 그대로 표현해 주고 있다. 우리들은 인생을 훌륭하게 보내기를 원하고 있다. 또한 사람들에게 인정받기를 바라고 있다. 다른 사람에게서 받는 찬사는 한 마디의 칭찬이라도 마법과 같이 사람의 마음을 들뜨게 한다.

명테니스 선수인 알테어 깁슨은 그의 자서전의 주제에서 이점을 대단히 적절하게 나타내고 있다. 그 책의 제목은《나는 무엇인가 되고 싶었다》이다.

수상의 소개말을 할 때에는, 수상자가 어떤 사람인가를 보증해 주어야 한다. 수상자는 무엇인가에 성공을 한 사람이다. 즉, 영예를 받을 자격이 있는 인물인 것이다.

우리는 그 사람을 포상하기 위해서 모였다. 그러므로 다른 어떤 자리에서보다 더욱 신중하게 진행시켜야 한다. 상을 받는데 익숙한 사람들에게는 특별히 문제가 되지 않을지 모르지만, 대부분의 사람들에게는 일생에 단 한 번뿐인 영광일 수도 있다.

그러므로 수상자의 소개말을 할 때에는 말의 선택에 세심한 배려를 해야 한다.

① 수상의 이유를 말하라

오랫동안의 근속에 대해서 받게 되는 경우도 있을 것이며, 콘테스트에 우승했다든가, 뛰어난 업적에 대하여 포상받는 경우도 있을 것이다. 그것을 간결하게 설명해야 한다.

② 수상자의 업적 중에서 관중의 관심에 맞는 것을 골라 이야기를 하라.

③ 수상자는 그 상을 받을 자격이 있는가, 또는 관중이 수상자에 대해서 어떤 존경심을 가지고 있는가를 말해야 한다. 수상자에게 축하의 말을 하고, 그의 장래에 대해 관중의 마음으로부터의 축복을 전하도록 하라.

이 짧은 이야기에서 성실만큼 필요한 것은 없다. 직접 말하지 않더라도 청중 모두는 연사가 그러한 인물임을 자각할 것이다.

선정되어 수상식에서 사회를 보는 것은 수상자뿐만이 아니라, 당신에게도 명예로운 일이다.

당신을 선정한 사람들은 머리와 마음이 동시에 필요한 일을 안심하고 당신에게 맡긴 것이다. 그렇다고 해서 수상자의 미덕을 사실보다 과장해서 말하는 경우가 많은데, 수상자가 그 상을 받을 자격이 있다면 칭찬이 지나쳐서는 안 된다. 칭찬을 지나치게 하는 것은 수상자의 이미지를 나쁘게 만들 수도 있고 청중을 납득시키지도 못한다.

또한 상 그 자체의 중요함을 과장하는 것도 피해야 한다. 이 상의 가치를 강조하는 대신에 상을 주는 측의 따뜻한 호의를 강조하는 것이 좋다.

수상자의 소감

수상자의 소감은 소개말보다는 짧아야 한다. 물론 그것을 암기해서는 안 되고 대충 마음 속으로 정리해 두는 것이 좋다.

수상자의 답례의 말에 미혹한 곳이 있어서는 안 된다. 단지 '감사합니다'라든가, '내 인생의 최고의 날', '내 평생에 가장 훌륭한'이라는, 이런 입 속에서 지껄이는 말을 마음의 인사라고는 할 수 없다.

여기에도 소개말과 마찬가지로 과장의 위험성이 잠재해 있다. '최고의 날'이라든가, '가장 훌륭한'이라는 말들은 지나친 표현이다. 좀더 진실한 말로 마음으로부터 감사의 기분을 표현해야 한다. 여기에 도움이 되는 몇 가지 형이 있다.

① 상을 수여한 소감에 대해서 마음으로부터 '감사합니다'라고 말하라.

② 당신을 도와주는 동료나 부하, 그리고 친구나 가족들과 영예를 나누어라.

③ 그 주어지는 상이 자기에게 있어서 어떤 의미를 갖는가를 말하고, 주어진 상품은 그 자리에서 풀어서 보여라. 그것이 자기에게 어떻게 쓰여질지 모인 사람들에게 이야기하라.

④ 다시 한 번 마음으로부터 감사의 표현으로 이야기를 끝마쳐라.

이 장에서는 세 가지 특수한 형태의 화술을 논하였다. 사업상 혹은 당신이 가입하고 있는 단체나 클럽에서 어느 때 어떤 내용의 연설을 의뢰받을지 모른다.

이와 같은 종류의 이야기를 할 때에는, 이제까지 말해 온 권유에 신중하게 따를 것을 다시 한 번 권하는 바이다. 그렇게 하면 때와 장소에 알맞은 연설을 할 수 있을 것이며, 그럼으로써 커다란 만족감을 얻을 수 있을 것이다.

02

긴 이야기를 편성하는 방법

Public speaking Influencing Men in Buiness

정상적인 사람이라면 아무런 계획 없이 집을 짓는 어리석음은 범하지 않을 것이다. 그러나 이야기할 때는 그 목적에 관해 아무런 자각 없이 이야기를 시작하는 것은 무슨 까닭인가?

말한다는 것은 목적지를 향한 항해와 같다. 항해를 하려면 해도에 의해서 항로를 정해야 한다. 목적도 없이 출발해서는 어디에도 갈 수 없는 것이다.

할 수만 있다면 이 지구상에서 효과적으로 말하는 방법을 배우려고 하는 사람이 모인 장소에다 다음과 같은 나폴레옹의 말을 타는 듯한 붉은 문자로 써붙이고 싶다.

"전술이란 것은 계산되고 숙고된 것이 아니면 절대로 성공할 수 없는 과학이다."

이 말은 전쟁뿐만이 아니고 이야기 방법에도 적용되는 말이다. 그러나 이야기하는 사람은 과연 이런 것에 신경을 쓰고 있을까? 설혹 신경을 쓴다 해도 과연 그렇게 행동하고 있을까? 그렇지는 않을 것 같다. 대부분의 연설이 계획에 따라서 준비된 것이 아니라고 해도 무방할 것이다.

여러 가지 생각을 가장 뛰어나게 효과적으로 조립하는 방법은 무엇인가?

그것은 차분히 연구해 보지 않는 한 무어라고 말할 수 없을 것이다. 또한 모든 연사가 몇 번이라도 자문 자답하지 않으면 안 되는 새로운 문제이자 영원한 문제일 수도 있다. 절대적인 법칙이라는 것은 주어지지 않는다.

우리들은 적어도 듣는 사람을 행동케 하는 긴 이야기의 세 가지 중요한 단계를 설정할 수 있다. 즉, 주의를 환기시키는 첫 번째 단계, 그리고 두 번째는 본론, 끝으로 결론이다.

각 단계를 발전시키는 데 힘이 되는 몇 가지의 중요한 방법을 소개하겠다.

첫마디로써 관심을 끌어라

전에 나는 노스웨스트 대학의 총장이었던 린 하롤드 혹 박사에게 화자로서의 오랜 경험이 가르쳐 준 가장 중요한 사실은 무엇이냐고 질문한 적이 있다.

박사는 잠깐 생각하고 나더니 이렇게 대답했다.

"사람의 흥미를 끄는 핵심이 되는 말, 즉 즉석에서 청중으로부터 호의적인 관심을 일으킬 화제를 생각해 내는 것입니다."

혹 박사의 이 말은 설득력 있는 이야기의 핵심을 지적하고 있다. 어떠한 방법을 사용해야 처음부터 청중을 휘어잡는가, 이것을 잘 응용만 한다면 당신의 첫마디로써 청중의 강한 관심을 일으킬 수 있을 것이다.

– 실례를 들면서 시작하라

뉴스 해설자이자 강연가이고, 또 영화 제작자로서도 세계적으로 명성을 떨치고 있는 로엘 토머스 씨는 아라비아 로렌스에 대한 강연에서 다음과 같이 말하였다.

어느 날 내가 에르삼의 크리스천 가를 걷고 있을 때, 동양의 유력자답게 호화스런 복장으로 단장한 한 남자와 만났습니다. 그의 한쪽 겨드랑이에는 예언자 마호메트의 후예만이 몸에 지니는 도금한 검이 끼어 있었습니다.

이렇게 그는 자기의 경험담으로써 이야기를 시작했다. 이런 식으로 시작하는 것은 아주 좋은 방법이다. 그렇게 하면 절대로 실패가 없다. 그것은 이동하고 진행한다. 듣고 있는 우리들도 거기에 자연스럽게 따라가게 된다.

왜냐 하면 우리들은 자기가 이야기의 일부가 되어 있다는 것을 인식하고, 어떤 일이 일어날 것인가에 대해 궁금하게 생각하고 있기 때문이다. 실화를 사용해서 이야기를 시작하면 사람을 움직이는 힘이 발휘된다.

대학을 졸업한 지 얼마 안 되어 남다고타 주의 휘론 마을을 걷고 있는데, 한 남자가 상자 위에 서서 사람들에게 이야기를 하는 것을 보았다. 왠지 모르게 호기심이 생겨 청중의 틈으로 끼어 들어갔다.

"여러분!"

"인디언 족에는 대머리가 없다는 사실을 알고 계십니까? 또 여자 대머리도 본 일이 없으시겠지요? 그럼 지금부터 그 이유를 가르쳐 드리겠습니다……."

그 남자는 이렇듯 흥미 진진하고 박진감 있게 이야기를 풀어 나가면서 사람들의 주의력을 집중시키고 있었다.

절대로 중지해서는 안 된다. 전제는 필요치 않다. 갑자기 사건에 돌입함으로써 청중의 관심을 끌어들여야 한다.

자기의 경험에서 생긴 일들로 이야기를 시작하는 연사는 안전한 지반 위에 있는 것이나 다름없다.

이때는 말을 돌릴 필요도 없으며 생각할 것도 없다. 자기 자신의 경험을 이야기하는 것은, 말하자면 자기의 존재의 일부를

재생하는 것과 같기 때문이다. 그 결과는 청중과의 사이에는
화목한 관계를 만들어 내고, 자신에게는 만족스러운 결과를 가
져다 줄 것이다.

– 위기감을 조성하라

파우엘 히리 씨가 필라델피아의 펜 체육 클럽에서 행한 연설
을 살펴보자.

83년 전, 런던에서 작은 책이 발간되었습니다. 소설이었는데
독자들로부터 굉장한 호응을 얻었습니다. 그리고 많은 사람들
로부터 '세계에서 가장 위대한 작은 책'이라 불리었습니다. 그
책이 처음 나왔을 때, 스드란드 가나 페르멜로에서 만난 사람
들 사이에 질문이 오고갔습니다.

"그것을 읽었는가?"

하고 물으면 대답은 판에 박은 듯이 정해져 있었습니다.

"아암, 물론 읽었지."

발매 직후, 1천 부의 판매량을 기록했습니다. 2주일이 채 되
기도 전에 1만 5천 부를 넘어섰습니다. 그 후에 몇 천 회나 증
판되고, 아울러 그 책은 각국어로 번역되었습니다.

수년 전, J. P 모건은 그 원고를 엄청난 가격에 사들였습니다.
그것은 지금 그의 거대한 아트 갤러리의 귀중한 보물로 안치되
어 있습니다. 세계적으로 유명한 그 책의 제목을 가르쳐 드릴까

요? 그것은……

어떤가, 흥미를 일으킬 수 있겠는가? 좀더 알고 싶다고 생각
하는가? 파우엘 히리 씨는 과연 듣는 사람의 호기심을 사로잡
을 수 있었을까?

호기심! 여기에 마음을 움직이지 않는 사람이 있겠는가.

아마 당신도 움직이지 않을 수 없을 것이다. 당신도 그 작가
가 누구인가, 그것은 대체 어떤 책인가 알고 싶을 것이다.

당신의 호기심을 만족시켜 주기 위해서 여기서 답을 해 주어야
겠다. 저자는 찰스 디킨스, 책의 이름은 《크리스마스 캐롤》이다.

위기감을 조정하는 것은 청중에게 흥미를 느끼게 하는 확실
한 방법이다. 내가 '우물쭈물하지 않고 태평스럽게 사는 비결'이
라는 주제의 강연에서 위기감을 조성하려고 한 예를 들어 보겠
다. 나는 이렇게 시작했다.

"1871년 봄, 후에 세계적으로 유명한 물리학자가 될 운명에
있던 윌리엄 오즈라는 청년이 그의 장래에 커다란 영향을 줄
어떤 문구를 읽었습니다."

과연 어떤 책의 어떤 문구였을까 궁금하지 않은가?

― 충격적인 사실을 말하라

펜실베이니아 주립 대학의 결혼상담소 소장인 그리포드 아담

스 씨가 《리더스 다이제스트》에 논문을 기고했다. 제목은 〈반려자를 발견하는 방법〉이었는데, 서론은 다음과 같은 경이적이고도 흥미 진진한 실례로 시작했다.

오늘날 젊은이들이 결혼에 의해서 행복을 찾으려 한다면 신중하게 생각해야 한다. 이혼율의 상승은 가히 위협적이다. 1940년에는 5, 6쌍 중에 한 쌍 꼴로 이혼율이 나타났다. 1964년 무렵에는 4쌍 중 한 쌍 꼴로 증가되었으며, 이런 상태로 계속된다면 50년이 지난 후에는 2쌍 중에 한 쌍 꼴이 될 것이다.

여기서 충격적인 사실로 이야기를 시작한 예를 두 가지 더 들어 보겠다.

"만일 지금 원폭 전쟁이 일어난다면 하룻밤 사이에 2천만 명의 미국인이 희생될 것이라고 육군성은 예측하고 있습니다."

"몇 년 전, 스그리프스 하와드계의 신문이 17만 6천 달러의 비용을 투자해서 소비자가 소매점에 느끼는 불만은 무엇인가를 조사하였습니다. 그것은 소매업에 관해서 가장 많은 돈을 투자해서 가장 과학적으로 철저하게 한 조사였습니다."

16개 도시의 5만 4천47세대에 질문지가 발송되었다. 그 질문의 하나는,

"이 거리의 상점에서 마음에 들지 않는 것을 지적해 주십시

오?"

하는 것이었다. 그 질문에 대해서 답변자의 5분의 2는 같은 대답이었다.

"점원이 예의를 모르는 것."

이야기의 첫머리에서 생각이 떠오르는 것같이 서술하는 이 방법은 듣는 사람과 접촉을 하는 데 매우 효과적이다. 왜냐 하면 그것은 청중의 마음에 충격을 주기 때문이다. 그것은 이야기의 주제에 주의를 집중시키는 수단으로서, 생각지도 않은 사실을 사용하여 관심을 끄는 일종의 '충격법'이다.

워싱턴에서의 강습회 수강자 중의 한 사람이 이 방법을 효과적으로 사용하였다. 메그세일이라는 여자였는데, 다음은 그의 이야기의 첫머리이다.

"10년 동안 나는 수인이었습니다. 그렇지만 내가 갇혀 있었던 곳은 보통의 형무소가 아니고, 나의 열등감에 대한 걱정이라는 벽과, 타인의 비판에 대한 두려움이라는 철책에 갇힌 수인이었습니다."

이 이야기에 대해서 좀더 알고 싶다고 생각되지 않는가?

사람의 마음을 찌르는 것 같은 말머리를 사용하는 경우, 주의해야 할 점이 하나 있다. 그것은 너무 연극적이고 지나치게 감정적으로 치우치기 쉽다.

갑자기 권총을 꺼내어 하늘을 향해서 발사하고 이야기를 시작한 연사를 본 적이 있는데, 그 연사는 관심을 모았지만 듣는 사람의 고막을 파괴하고 말았다.

이야기의 말머리는 회화조로 시작하는 것이 좋다. 그것을 판별하는 효과적인 방법은 저녁 식사의 테이블에서 시험해 보는 것이 좋다. 그곳에서 적용되지 않는다면, 청중을 앞에 두고 이야기할 때도 회화적으로는 되지 않을 것이다.

또한 청중의 관심을 불러일으키는 것이라고 생각되는 이야기의 말머리가 실제로는 가장 싫증나는 부분일 때도 있다.

예를 들면 최근 나는 연사가 다음과 같이 시작하는 것을 들었다.

"신을 믿고 자기의 능력을 믿으십시오."

어느 정도 설교조로 시작했으나 다음의 문구를 주의해 보면 대단히 흥미를 일으키는 고백임을 알게 될 것이다. 거기엔 말하는 사람의 절실한 기분이 담겨 있다.

"나의 모친은 1918년에 남편을 잃고, 유산도 없이 과부의 몸으로 세 아이를 부양해야 했습니다."

왜 이 연사는 세 아이들을 양육해야 했던 미망인인 모친의 고생을 이야기의 말머리로 시작했을까?

청중에게 흥미를 느끼게 하지 않았다면 이 이야기는 성공하지 못했을 것이다. 처음부터 이야기의 핵심으로 뛰어든 것이다. 《나는 어떻게 해서 판매술에 성공했는가》의 저자 프랑크 베트

거라는 사람이 이러한 방법을 훌륭하게 사용했다. 그와 나는 미국 청년상공회의소의 주최로 미국 전역에 걸쳐서 판매에 관한 강연을 함께 한 적이 있었다.

설교 같은 것은 하지 않았다. 쓸데없는 태도도 보이지 않았다. 일반적인 이야기도 하지 않았다. 그는 처음부터 이야기의 핵심에 뛰어들었다. '열중'이라는 주제에 관해서 그는 다음과 같이 이야기를 시작했다.

"프로 야구 선수로 생활할 때, 태어나서 가장 커다란 충격을 안겨준 사건이 일어났습니다."

이 말머리는 청중에게 어떤 효과를 주었을까? 나는 그곳에 있었기 때문에 잘 알고 있다. 나는 그 반응을 목격했다. 그는 즉석에서 청중의 관심을 끌어들였다. 청중 모두가 프랭크 베트거가 쇼크를 받았던 이유나 그때의 상태, 그리고 거기에 어떻게 대처했는가를 듣고 싶어서 기대에 차 있었다.

- 손을 들어보라고 하라

호기심을 자극시키기 위해서 청중을 향해 질문을 하고 거기에 거수로써 대답하도록 하는 방법이다. 예를 들면 피로를 푸는 방법에 관해서 강연했을 때, 다음과 같은 질문을 한다.

"여러분에게 직접 듣기로 하겠습니다. 비교적 쉽게 피로해지는 사람은 손을 들어 주십시오."

이때 주의할 것이 있다. 이와 같이 거수로써 답을 구할 때에는 사전에 그것을 청중에게 예고해야 한다.

다음과 같은 방법은 안 된다.

"소득세를 내려야 한다고 믿고 있는 사람이 어느 정도인지 손을 들어 주십시오."

청중에게 의사 표시를 할 마음을 가다듬을 기회를 주라. 그리고 자, 이렇게 시작하면 어떻겠는가?

"이제부터 여러분에게 중대한 의미가 있는 질문을 하면 거수를 해 주셨으면 합니다. 여러분 중에서 경품 교환권이 소비자의 이익이 된다고 믿고 있는 분은 손을 들어 주십시오."

거수를 요구하는 방법은 청중이 직접 참여하게 함으로써 높은 효과를 얻게 해 준다. 그때는 당신의 이야기가 이미 일방 통행은 아니다. 청중이 직접 참여하기 때문이다.

"쉽게 피로를 느끼는 사람이 몇 사람이나 됩니까?"

이렇게 질문하고 거수를 요구하면, 청중은 각자 자기 몸의 괴로움이나 피로에 관해서 생각하기 시작한다. 아마도 손을 들면서 자신 이외에 누가 손을 들고 있는가 주위를 돌아볼 것이다. 그리고 이야기를 듣고 있는 중임을 잊어버리게 된다. 곁에 앉아 있는 친구에게 수긍의 뜻으로 고개를 끄덕이기도 할 것이다. 마치 얼음이 녹는 것처럼 연사도 청중도 함께 이야기하게 될 것이다.

– 결과를 약속하라

또 하나 관심을 끌게 하는 방법은, 당신이 권하는 대로 한다면 희망하는 결과가 얻어진다는 것을 청중에게 약속하는 것이다.

다음은 그 예이다.

"이제부터 피로를 막는 방법을 여러분에게 가르쳐 드리겠습니다. 하루에 한 시간, 깨어 있는 시간을 효과적으로 사용할 방법을 가르쳐 드리고자 합니다."

"나는 이제부터 여러분에게 수입을 증가시키는 방법을 가르쳐 드리겠습니다."

"나는 지금부터 10분간 여러분이 현재보다 인기 있는 사람이 되는 확실한 비결을 가르쳐 드리겠습니다."

약속형의 말머리는 듣는 사람의 이해에 직접 호소하는 것으로, 주의를 끌어당기기에 좋은 방법이다. 그러나 무능력한 연사는 이런 부분에 태만하다. 말머리에 지루한 이야기를 늘어놓아 처음부터 청중의 마음의 문을 닫게 한다.

몇 년 전, 사람들에게 유익한 '정기적인 건강 진단의 필요성'에 관해 이야기하는 것을 들은 적이 있다. 앞서 언급한 약속의 기법을 이용하였다면 충분히 성공할 수 있었는데, 그 연사는 그저 이론적이고 형식적인 부분만을 외워 억양 없이 전했다. 물론 실패했다. 만약 그가 다음과 같이 이야기했다면 만족할 만한 효과를 얻었을 것이다.

여러분은 과연 자기가 몇 살까지 살 것이라고 생각하십니까? 생명보험회사는 몇 백만, 몇 천만의 인간의 수명을 참고로 해서 작성한 평균 수명 리스트를 사용해서 이것을 예상할 수가 있습니다.

그것에 의하면 80세에서 현재의 연령을 빼낸 3분의 2가 이제부터 당신이 살아갈 연수입니다. 자, 당신은 그만큼 살 수 있다면 충분하다고 생각하십니까? 물론 아니겠지요. 우리들은 모두가 장수하고자 하는 갈망에 차 있습니다.

그러나 어떻게 하면 장수할 수 있는지는 모르고 있지요. 도표에 짧게 나타난 수명을 연장할 수는 없을까요? 어떻게 하면 되는지 그 방법을 이야기해 드리겠습니다.

이런 방법이 청중의 관심을 부르고, 연사의 말을 듣게 만드는지는 여러분의 판단에 맡기기로 하겠다. 이런 경우 연사의 이야기뿐만 아니라, 당신 개인에게 있어서 상당히 유익한 것을 이야기하겠다고 약속하고 있다. 청중 개개인과 아무 관계가 없는 것을 설교조로 이야기하는 어리석음은 피해야 한다.

– 전시물을 사용하라

주의를 끌어당기는 제일 간단한 방법은 눈에 보이는 것을 제시하는 것이다. 단순한 사람에서 복잡한 사람까지 누구라도 그러한 자극에는 주의를 기울이게 되어 있다.

수준급인 청중 앞에서도 때로 그것이 훌륭한 효과를 거두기도 한다. 그 예로써 필라델피아의 S. S 에리스 씨는 우리들의 강좌에서 엄지와 인지로 화폐와 같은 카드를 들고 그것을 왕관같이 머리에 얹으면서 이야기를 시작했다. 당연히 청중 전원이 거기에 주목했다. 그러자 그는 이렇게 물었다.

"여러분 중에 이와 같은 카드가 땅에 떨어져 있는 것을 보신 적이 있으십니까? 그 카드에는 부동산 개발 계획 중인 토지를 무료로 제공한다고 적혀 있습니다. 이것을 발견한 사람은 전화를 걸어서 이 카드를 지참하고 가면 되느냐고 말합니다……."

에리스 씨는 그 카드를 사용하여 부동산 업자가 행하고 있는 비행에 대해 오해를 초래하지 않는 범위 내에서 비난한 것이다.

이제까지 말해 온 방법은 어느 것이나 장점을 가지고 있다. 이것을 개별적으로 사용할 수도 있고, 또 물론 통합해서 사용할 수도 있다.

청중이 언제라도 당신의 이야기를 받아들일지, 어떻게 이야기를 시작하는 것이 좋은가에 대해서 생각하기 바란다.

청중이 악의를 갖지 않도록 하라

청중의 관심을 사로잡는 것뿐만이 아니라, 호의적인 관심을 갖게 해야 한다는 사실을 잘 기억해 두라. 분별 있는 사람이라면 처음부터 청중을 모욕한다든가, 청중으로부터 외면당할 이야기를 하지 않아야 한다. 그런데도 이야기를 시작하는 데 있어서 다음과 같은 실수를 저지르는 사람이 얼마나 많은지 모른다.

– 변명으로 시작하지 말라

변명조의 이야기로 시작해서는 안 된다. 준비가 부족하다든가, 말주변이 없다든가 하는 변명으로 서두를 꺼내는 사람을 보았을 것이다.

준비가 부족하다는 것은 본인이 직접 이야기하지 않더라도 듣는 사람은 자연히 알게 된다. 준비를 하지 않으면 준비를 한 것과 큰 가치의 차이가 있기 때문이다.

왜 그런 식으로 청중을 모욕하는가? 청중은 변명 같은 것은 듣고 싶어하지 않는다. 서두를 어떻게 꺼내느냐에 따라서 이야기의 성패는 좌우된다고 보아도 무방하다.

– 시시한 농담은 피하라

많은 연사가 애용하는 이야기의 시작 방법으로 여기에 소개되지 않은 것이 한 가지 있다. 그것은 이른바 농담조의 이야기로 시작하는 방법이다.

초연자는 이런 농담조의 이야기로 청중을 웃게 만들어야 한다고 생각한다. 그러나 시시한 농담은 웃음보다도 짜증을 만들어 낼 수 있다는 사실에 유의해야 한다.

그렇지만 유머 감각은 어떤 연사에 있어서도 귀중한 자질이다. 이야기가 시작이든 중간이든 코끼리처럼 침착하고 필요 이상으로 엄숙해야 할 이유는 없다. 그럴 필요는 절대로 없다.

그 지방의 상황이나 그곳에서 일어난 일, 그리고 자기보다 앞에서 이야기한 사람의 말로써 기지를 발휘해서 청중의 웃음의 감각을 자극하는 능력을 가지고 있다면 훨씬 유리하다.

세밀하게 관찰을 해서 무엇인가 이상한 것을 보여 주어라. 그리고 그것을 과장하는 것이다. 그와 같은 종류의 유머는 틀에 박힌 농담보다 성공할 확률이 무척 크다. 왜냐 하면 그것은 그때 그 장소와 관계가 있고, 또한 독창적인 것이기 때문이다.

대개 유쾌한 웃음을 유발시키는 가장 쉬운 방법은 자기 자신에 관해 이야기하는 것이다. 곤란한 상태에 빠진 자신의 모습을 묘사해 보인다. 자크 베니는 다년간 이 방법을 사용해 왔다.

그는 자기 자신을 형편없이 보인 최초의 라디오 코미디언이다. 바이올린을 켜는 바보 같은 짓이라든가, 욕심을 부리는 짓 등을 보여 줌으로써 연령을 초월한 웃음거리를 제공하는 자크 베니는 몸으로 유머를 구사하여 해마다 높은 시청률을 유지하고 있다.

유머러스한 방법으로 자기의 결점이나 실수에 주목을 끌게 하고 일부러 자기를 천하게 보이는 연사에 대해서 청중은 머리와 마음을 연다.

한편, 무엇이든 알고 있는 것 같은 전문가의 인상을 안겨주면 청중은 냉정하고 도전적으로 된다.

요점을 보강하라

3부에서 우리들은 당신이 청중에게 부탁하고 싶은 것을 경험 담을 예로 들면서 이야기하는 방법을 논하였다.

실례를 사용하는 방법은 '이야기를 듣는 것이 싫은 사람은 한 사람도 없다'고 요약되는 인간의 기본적 충동에 강하게 호소 하기 때문에 넓게 애용된다. 그 중에도 사건이나 우발적인 일이 연사에 의해서 가장 널리 사용되고 있지만, 그것만이 요점을 보 강하는 유일한 방법은 아니다. 과학적인 실례인 통계 혹은 전문 가의 증언 및 전시물이나 실연實演 등을 응용할 수 있다.

– 통계를 이용하라

통계는 어느 카테고리에 속하는 사상의 균형을 제시하기 위해 서 사용된다. 한 가지의 실례로는 설득력이 부족하기 때문이다.

예를 들면 소그 와그진 계획의 효능은 전국에서 수집한 통계 에 의해서 평가되었다. 즉, 아이들에게나 부모에게 유리하다는 것이 증명되었다. 한두 개의 실례로는 소그 와그진 계획이 아이들을 지키는 역할을 한다는 사실을 부모들에게 납득시키기가 매우 힘들었을 것이다.

통계 그 자체는 지루한 것이다. 필요에 의해서 사용하면서 여러 가지 통계를 생생하게 눈에 보이는 것처럼 하려면 말에 의복을 입히는 것이 좋다.

통계 수치가 얼마만큼 인상적인가를 나타내는 하나의 실례가 여기에 있다.

뉴욕 사람들은 걸려온 전화가 즉시 통화할 수 없음으로 해서 얼마만큼의 막대한 시간을 쓸데없이 소비하고 있는가를, 어느 경영자는 다음과 같이 지적했다.

"100회선의 전화가 걸리는 중에 그 중 7회선이 통화하는 데 1분 이상을 요합니다. 이렇게 해서 매일 28만 분이 쓸데없이 소비되고 있습니다. 6개월 동안에 소비되는 시간의 합계는 콜럼버스가 미국을 발견한 이래로 현재에 이르기까지 합한, 평일의 회사나 은행의 통상 영업 시간과 맞먹는 수치입니다."

단순한 수치나 양을 제시하는 것은 별 효과가 없다. 실례가 필요하다. 될 수 있는 대로 일상 생활의 경험으로 설명하라.

나는 그란드 그리톰의 밑에 있는 넓은 동력실에서 안내인의 설명을 들은 일이 있다. 동력실의 크기를 설명하는 데 있어서 평방미터라든가 평방피트라는 단위로 설명하였다면 이해하기 힘들었을 것이다.

그는 그 실내의 넓이를 1만 명의 관객을 수용하는 축구 경기장을 그대로 그곳에 갖고 올 수가 있다고 설명했다. 그 밖에도 테니스 코트를 몇 개를 세울 수 있다고 말했다.

브루클린 센트럴 YMCA에서 나의 강의에 참가하던 한 수강생이 이야기 도중에 지난 해에 화재로 타버린 가옥의 수를 이야기했다.

계속해서 소실된 건물을 일일이 늘어놓으면서 그 길이가 뉴욕에서 시카고까지 될 것이라고 말하고, 화재로 죽은 사람을 반 마일 간격으로 세우면 시카고에서 역행해서 뉴욕까지 다다를 수 있다고 이야기했다.

그때에 들은 숫자는 듣는 순간 잊어버리고 말았지만, 뉴욕에서 시카고에 이르는 타버린 집의 길이는 지금까지도 선명히 눈앞에 떠오르고 있다.

— 전문가의 증언을 이용하라

전문가의 증언을 이용할 때에는 반드시 그 전에 다음의 질문에 대답해 보면서 적절한지를 검토해 보아야 한다.

① 정확한 인용인가?

② 인용되는 인물이 그 분야에서 전문적으로 일하는 사람인가?

③ 그는 편견에 사로잡히지 않는, 보편성을 획득한 인물인가?

몇 년 전에 브루클린 상공회의소에서 수강자 중 한 사람이 일의 전문화의 필요성을 설명하는 말머리에서 앤드류 카네기의 말을 인용했다. 그의 선택은 현명했을까?

그렇다. 왜냐 하면 그는 사업에서의 성공이라는 주제에 관해서 이야기할 적당한 자격을 갖추고 있는 사람으로, 청중에게 존경을 받는 사람을 적절하게 인용했기 때문이다. 그 인용은 지금도 사용할 가치가 있는 것이다.

어떠한 일에 성공하려면 당신 자신이 그 일에 달인이 되어야 한다고 나는 믿고 있다. 자기의 자질을 여기저기에 뿌려 버리는 사람에게는 믿음을 갖지 않으며, 나의 경험으로는 많은 일에 관심을 가진 사람이 성공한 예는 본 적이 없다. 성공한 사람은 하나의 일을 선택하고, 거기에 열중해 온 사람들이다.

– 비슷한 것을 이용하라

웹스터에 의하면, 비유라는 것은,

"두 개 사이에 존재하는 유사 관계로…… 그것 자체의 유사성이 아니고 속성이나 환경, 효과의 상이에 의해서 성립된다."라고 했다.

서로 비슷한 것을 이용하는 것은 주요한 논점을 보강하는 데 효과적이다. C. 지라드 데이비슨이 내무차관이었을 때 행한 '전력 증강의 필요성'에 관한 연설문에서 어떻게 비교를 하고 있는

가에 유의해 보라.

번영된 경제는 전진을 계속하지 않으면 안 된다. 그렇지 않으면 틀림없이 추락하고 말 것이다. 비행기도 이와 비슷하다. 지상에 있을 때는 볼트와 너트는 무용지물에 지나지 않지만, 하늘을 날고 있을 때는 유익한 기능을 발휘한다.

비행기는 하늘에 떠 있기 위해서 전진을 계속하지 않으면 안 된다. 움직이지 않으면 떨어지고 말며 후퇴할 수도 없다.

또 한 가지 훌륭한 비유의 예가 있다. 남북 전쟁 당시에 링컨이 그 비판자들의 질문에 답할 때 사용한 것이다.

여러분, 지금 당신의 재산이 전부 금으로 되어 그것을 유명한 곡예사인 프론틴에게 부탁해서 나이아가라 폭포에 줄을 매고 그 위를 건너게 한다고 상상해 주십시오. 다리를 건너는 도중에 당신은 줄을 잡으면서,

"프론틴, 좀더 허리를 굽히고 좀더 빨리!"

하고 격려하겠습니까? 아마도 그렇지 않을 것입니다. 한 마디 말도 못 한 채 숨을 숙이고 안전하게 건널 때까지는 손짓도 못할 것입니다.

지금 우리 정부도 이와 같은 상태에 있습니다. 대단히 많은 짐을 싣고 새로운 대양을 향해 돌진해 가고 있는 것입니다. 곧

미지의 보물이 손에 들어올 것입니다. 정부는 최선을 다하고 있습니다. 외면하지 마십시오! 다만 똑바로 주시해 주십시오. 그렇게 하면 반드시 무사하게 건널 수 있습니다.

– 전시물을 사용하거나 실연實演하라

아이안 파이아만이라는 스토브 제작 회사의 중역이 특약 판매점 주인들을 모아놓고 이야기를 하는데, 연료는 위에서가 아닌 밑에서 보급해야 한다는 것을 극적으로 표현해 보이는 방법이 필요했다. 그래서 생각 끝에 다음과 같이 간단하고 강렬한 인상을 안겨준 실연을 생각해 냈다.

그는 초에 불을 붙이고 나서 이렇게 말했다.

"불꽃이 타고 있는 것을 잘 봐 주십시오. 잘 타고 있지요? 원래 연료는 전부 열로 변하는 것이므로 대개는 연기가 나지 않습니다. 초의 연료인 아이안 파이아만이 연료를 보급하는 것과 같이 아래에서 공급하고 있습니다.

우선 이 초의 연료가 손으로 연료에 불을 지피는 종래의 스토브와 같이 위에서 불을 지피는 것을 잘 봐 주십시오여기서 연사는 촛불을 거꾸로 세웠다.

불꽃이 갑자기 꺼졌지요? 지독한 연기의 냄새가 납니다. 불완전한 연소 때문에 불꽃이 빨갛게 되는 것에도 주의해 주십시오. 그것은 위에서의 불완전한 연료 보급의 결과 불꽃이 꺼지고 만 것입니다."

몇 년 전에 헨리 로빈슨은 《뉴 라이프》지에 〈변호사는 어떻게 소송에 이기는가〉라는 표제로 재미있게 기사를 게재했다.

거기에서 '에이프 하마'라는 변호사가 손해 배상 소송으로 보험 회사의 변호인이 되어 훌륭한 무대적 연출을 이용해서 승리했을 때의 상황을 묘사하고 있다.

원고인 포슬스웨이드 씨는 엘리베이터의 셔터가 떨어지면서 그것이 어깨에 맞아 오른쪽 팔을 위로 올리지 못하게 되었다고 주장했다.

"포슬스웨이드 씨—"

하고 하마는 거만한 태도로 그를 불렀다.

"어느 정도로 팔이 올라갈 수 있는가를 배심원들에게 보여 주십시오."

포슬스웨이드 씨는 마음을 가다듬고 천천히 팔을 귀가 있는 곳까지 올렸다.

"그럼 이번에는 상처를 입기 전에는 어디까지 올릴 수 있었는지 보여 주십시오."

하고 하마는 다시 물었다. 그러자 원고는,

"이 정도였습니다."

하면서 팔을 무심코 머리 위로 가볍게 올리는 것이었다.

배심원이 어떠한 반응을 보였는지는 여러분의 판단에 맡기기로 하겠다.

듣는 사람을 행동케 하는 긴 이야기의 경우, 요점은 서너 가지가 될 수 있다. 그것만을 말하는 데는 1분도 걸리지 않을 것이다. 그러나 청중에게 단지 그것을 암기해서 들려주면 지루함을 느끼게 할 것이다.

어떻게 하면 이 요점을 살아 있는 것으로 할 수 있겠는가? 그것을 가능하게 하는 것은 논점을 보강하기 위해서 당신이 사용한 재료이다. 이것이야말로 당신의 이야기에 활기와 흥미를 첨가하는 것이다.

사건의 실례나 비교, 실연을 이용하면 주요한 생각을 분명하고 생생하게 표현할 수 있다. 또 통계나 증언을 이용하면 진실성을 획득하고 논점의 중요성을 강조할 수 있다.

확실한 결론을 내려라

어느 날 나는 실업인이며 인도주의자인 조지 F. 존슨의 사무실에서 잠깐 이야기를 나눈 적이 있었다. 그 당시 그는 엔디코트 존슨 사의 사장이었다.

그러나 나에게 있어서 무엇보다 흥미를 갖게 했던 점은, 그가 이야기를 듣는 사람들을 웃기고 때로는 울리기도 하는 명연사라는 점이었다.

그는 자기 전용 사무실은 가지고 있지 않았다. 커다랗고 어수선한 공장의 한 구석이 그의 사무실이었고, 거기에 낡은 책상을 놓고 사용하는 꾸밈없는 사람이었다.

"마침 잘 오셨습니다."

하고 그는 일어나서 반갑게 맞으며 말했다.

"지금 막 일을 하나 마쳤습니다. 오늘밤 사원들의 모임에서 할 이야기의 끝부분을 정리하고 있었습니다."

"이야기를 처음부터 끝까지 마음 속에 가다듬어 두면 마음이 안정될 것입니다."

하고 나는 그에게 말했다.

"하지만 처음부터 끝까지 완전히 외워두지는 않습니다."

하고 그는 말했다.

"생각의 요점과 확실한 결론 부분을 준비할 뿐입니다."

그는 노련한 연사는 아니었다. 명언이나 명구를 사용하려는 욕심도 없었다. 그러나 그는 자신의 경험에서 의사 전달에 성공하는 비결을 배웠던 것이다. 성공적인 연설을 하고 싶으면 결론이 확실해야 함을 알고 있었던 것이다.

마지막 말은 가장 중요한 전략 요점이다. 이야기가 끝났을 때 듣는 사람의 귀에 여운을 남기는 마지막 말, 그것이야말로 가장 깊게 마음에 남아 있게 되는 것이다.

그러나 내가 아는 대부분의 연사는 이것의 중요성을 인식하지 못한다.

그런 이들의 공통된 잘못은 무엇이겠는가? 두세 가지 예를 살펴보면서 그 교정법을 찾아보자.

"이것으로 이 문제에 관해서 내가 이야기하고자 한 것을 이야기했습니다. 그래서 이 정도에서 끝내려고 생각합니다."

하고 이야기를 마치는 사람이 있다.

이와 같은 연사는 보통 자기의 무능에 연막을 펴고,

"이야기를 들어주셔서 감사합니다."

하고 무의미하게 말한다. 그것은 '결론'이 아니다. 그것은 말하자면 '사과'이다.

말할 것이 그것밖에 없다면 그냥 자리에 앉을 수는 없을까? 차라리 그렇게 하라. 그렇게 하는 편이 더 낫다.

두 번째는, 말하고 싶은 것은 전부 말했으나 어떻게 결말을 지을 줄 몰라서 머뭇거리는 경우이다. 조슈 비린그스는 소를 잡으려고 할 때에는 나중에 풀어주기 쉽도록 뿔이 아닌 꼬리를 잡으라고 충고했다.

앞에서 예를 든 연사는 소의 뿔을 잡고 있는 것과 마찬가지로 소를 피하기 위해서 악전 고투로 같은 장소를 빙글빙글 돌며 같은 짓을 반복하고, 드디어는 나쁜 인상을 남길 뿐이다.

어떻게 하면 이야기의 끝을 정점으로 이끌 수 있겠는가? 여기에 도움이 되는 몇 가지 방법이 있다.

– 요약하라

오랜 시간 이야기할 경우, 연사들은 청중이 그 이야기를 자기만큼 확실히 알았을 것이라고 착각하기 쉽다. 그러나 그것은 어림도 없는 얘기이다.

연사는 상당한 시간을 소비해서 자기의 생각을 말했지만 청중에게는 처음 듣는 생소한 것이다. 그것은 청중을 향해서 하나의 산탄을 던지는 것과 마찬가지일 뿐이다. 그 중에는 청중의 마음에 맞아 떨어지는 것도 있을 것이지만, 대부분은 뿔뿔이 흩어져 떨어지는 것이 보통이다.

셰익스피어의 말을 인용한다면 청중은,

"많은 것을 생각하기보다 명확하게 무엇 하나를 기억한다"

는 것이다.

아일랜드의 어떤 정치가는 연설하는 비결에 대해 다음과 같이 말했다.

"우선 무엇을 이야기하려고 하는가를 말하고, 다음에 생각하는 바를 말하고, 마지막에는 무엇을 이야기했는가를 말하라."

'무엇을 이야기했는가를 청중에게 말할 것'이라는 말은 대단히 좋은 충고이다.

여기에 좋은 예가 있다. 시카고의 어느 철도회사의 운행 관리부장을 역임한 이 연사는 다음과 같이 요약해서 끝을 맺었다.

여러분, 이 폐한閉寒장치열차나 차량이 어느 구간에 들어가 있는 사이 다른 차량이나 열차가 거기에 들어가지 않도록 하는 장치를 이용해서 우리들 자신이 실험해 본 결과, 그것이 실제로 이용되고 있는 동부·서부·북부에서의 경험, 안전한 사용법, 또 이 장치를 사용하면서 예방되는 사고로 해서 1년간 절약이 되는 금액, 이와 같은 것 전부를 생각할 때 우리 남부 지방에서도 즉시 이 폐한 장치를 사용하도록 간절히 말하지 않을 수 없습니다.

그가 말한 의도를 알겠는가? 이 끝말만 듣고도 전체 내용을 대략 짐작할 수 있을 것이다. 영어로 해서 불과 62단어밖에 안 되는 짧은 문구로 그는 이야기 전체의 요점을 아주 간략하게 요약한 것이다.

이와 같은 요약이 매우 효과적이라고 생각하는가? 그렇게 생각된다면 그 방법을 당신 자신의 것으로 만들라.

– 끝맺음의 방법

지금 인용한 예는 이야기의 끝맺음의 모범이라 해도 틀림이 없다. 연사는 청중에게 폐한 장치를 남부에도 장치해야 한다고 주장하면서, 실제로 실행되기를 원하고 있다.

그는 실행에 앞서 그것에 의해서 절감되는 돈·사고 방지 등을 내세워 설득하려고 한 것이다. 그것은 이야기의 연습이 아니었다. 그리하여 마침내 철도 회사의 중역 회의에서 논의가 되고, 그들이 요구한 폐한 장치를 설치하는 데 성공했다.

실행을 요구하는 이야기의 끝맺음에는 강력하게 밀고 나가야 한다. 그러므로 자, 요구하라! 청중에 대해서 참가하도록, 기부하도록, 투표하도록, 부채를 지불하도록, 실행하게 하고 싶은 것이 무엇이든지 요구하는 것이다. 그러나 요구는 구체적으로 해야 한다.

예를 들면 '적십자를 원조해 주십시오'라고 하는 것은 좋지 않다. 그것은 너무나 관념적이다. 그것보다는,

"오늘밤 이 거리 125번 가에 있는 미국 적십자에 1달러의 입회금을 보내 주십시오."

라고 말하는 것이 더 효과적이다.

그리고 물론 말할 것도 없이 청중의 힘이 미치는 범위 내에서 요구를 해야 한다.

"음주의 악습에 대해서 반대 투표를 하십시다."

라는 요구는 실현 불가능한 것이다. 그 반면에 금주동맹에 가입하도록 부르짖고, 금주법을 부활시키기 위해서 싸우고 있는 단체에 기부하도록 부탁하면 더욱 현실성 있는 요구가 될 것이다.

동시에 요구를 할 때는 선뜻 응할 수 있는 방법을 채택하라.

"여러분의 주에서 선출된 의원에게 이 법안에 투표를 해 주도록 편지를 씁시다."
라고 해서는 안 된다. 그것을 들은 사람 대부분은 쓰지 않을 것이다. 귀찮은 생각이 들기 때문에 행할 수 있는 방법을 쓰는 것이 좋다. 어떻게 하면 좋을까?

당신 자신이 의원에게 직접 말하는 것처럼,

"아래에 서명한 사람들은, 당신이 법안 제74321호에 반대표를 던져주시길 희망하고 있습니다."
라는 글을 써서 청중 앞에서 그것을 읽어 보라. 그리고 그 편지와 함께 만년필을 끼워 돌린다. 아마도 많은 서명을 받을 것이다.

03

배운 것을 응용하라

Public speaking Influencing Men in Buiness

　　나의 강좌 제14교과 과정에서 수강자들이 이 책에 있는 방법을 일상 생활에 어떻게 응용하고 있는지 이야기하는 것을 듣고 대단히 기뻐했던 적이 있다.

　세일즈맨은 매상고를 늘리고, 지배인은 승진하였으며, 중역은 사업 범위를 넓히는 등 모두들 목적을 달성하고 있었다. 그것은 효과적인 이야기 방법이라는 도구를 사용해서 명령을 하는 기능을 향상시킨 덕분이었다.

　N. 리처드 테일러가 《스테스 스피치》지의 기사에서 논하는 다음의 말과 같다.

　"이야기의 유형, 이야기의 분량, 그리고 이야기의 분위기는 상업적 의사 전달 조직의 생생한 피로서 일하는 힘을 갖고 있습니다."

　제너럴 모터스 사의 데일 카네기식 지도자 양성 강의의 책임자인 R. 후레드 케네디는 같은 잡지에 다음과 같이 기고했다.

"제너럴 모터스 사가 화술 방법의 훈련에 관심을 보이는 근본적인 이유는, 어느 의미에서는 교사라는 인식 때문이다. 구직자를 면접할 때부터 입사 초기의 훈련 단계와 정식 부서를 결정하고 승진을 고려할 때, 감독자는 무수한 문제에 대해서 언제나 그 부하에게 설명하든가, 가르치든가, 비평하든가, 이야기를 나눌 것을 요구당한다."

대화술과 가장 밀착된 영역, 즉 토론과 결정을 하고 문제를 해결하며 정책을 세우는 회의에서 의사 전달을 할 때, 이 책에서 지적해 온 효과적인 방법이 어느 정도 유효하게 응용되는가 다시금 재인식될 것이다. 효과적인 이야기 방법은 회의에 참가하고, 또는 회의를 이끌어 가는 데 도움이 될 것이다.

문제의 제출법, 생각의 나열 방법, 그것에 대한 적절한 선택, 의사 전달에 있어서 필요한 진실함과 성실함, 그리고 해결 방법 등의 모든 요소는 이 책에서 철저하게 설명해 왔다.

남은 것은 독자 여러분이 참가하는 회의에서 여러 가지로 배운 것을 응용하는 것뿐이다.

당신은 배운 것을 언제부터 응용하면 좋은가를 모를지도 모른다. 응용은 지금부터이다. 그리고 장소는 당신이 생활하고 있는 곳부터 시작한다.

많은 사람들 앞에서 이야기를 할 예정이 전혀 없다고 해도 이 책에서 제시한 원리나 기교는 일상 생활에도 응용이 된다는 것을 반드시 발견할 것이다.

이 기교를 지금 즉시 사용하라. 당신이 일상 생활에서 하는 이야기를 분석해 본다면 의사 전달의 여러 가지 목적이 너무나도 유사하다는 것에 깜짝 놀라게 될 것이다.

앞에서 밝혀듯이 나는 많은 사람들 앞에서 이야기할 때에는 4가지의 목적—정보나 지식을 제공할 것, 즐겁게 할 것, 자기 입장의 정당성을 납득시킬 것, 있는 것을 실행시켜 보도록 설득할 것—가운데서 하나를 마음 속에 간직해 둘 것을 강조했었다.

일상적인 이야기에서는 그러한 목적은 유동성을 갖고 상호간에 융합하며, 그 날의 되어가는 상황에 의해서 변화된다.

마음이 해이해서 지껄이고 있다가 갑자기 상품을 팔기 위한 이야기를 시작하든가 쓸데없이 쓰지 말고, 저금하도록 아이들을 설득하게 될지도 모른다.

이 책에서 서술해 온 방법을 일상 생활의 회화에 응용하면 우리들은 자신을 더욱더 유능하게 만들 수 있고, 솜씨 좋게 타인을 움직일 수도 있다.

일상 회화에 구체적인 세부 묘사를 이용하라

내가 앞에서 이야기 속에 세밀한 묘사를 이용하라고 권유한 것을 기억할 것이다. 그때는 많은 사람 앞에서 이야기하는 경우를 말하고 있었다.

그러나 세밀한 묘사를 이용하는 것은 일상의 회화에서도 필요하다. 당신의 친구 중에서 정말로 회화를 잘 하는 사람을 잠깐 생각해 보라. 그들은 분명히 색채가 풍부하고 드라마틱한 세밀한 묘사를 충분하게 이야기에 집어넣고, 영상적인 화술을 이용하는 능력을 지닌 사람들이다.

회화의 기술을 늘리려면 우선 자신을 가져야 한다. 이 책의 part 1에서 서술해 왔던 것은 비공식적인 사교의 모임에서 의견을 발표하는 데에 필요한 안정감을 당신에게 안겨주는 역할을 할 것이다.

다시 말해서 한정된 범위라도 자기의 생각을 말하고자 하는 일념으로 나설 때는, 자기의 경험 중에서 회화에 응용될 수 있는 제재를 찾아내려는 마음이 일어날 것이다.

이로부터 당신의 마음은 넓어지기 시작하고 당신은 인생을 새로운 눈으로 보게 될 것이다.

신시나지의 R. D 하드 부인은 같은 클럽의 수강자에게 다음과 같이 고백하였다.

"나는 새로이 발견한 자신감에 용기를 얻어서 본격적인 사교적 회합에서도 활발하게 이야기할 수 있게 되었고, 시사 문제에도 흥미를 갖게 되었습니다. 그리고 적극적으로 클럽 활동에 참가하게 되었습니다. 그뿐만이 아닙니다. 나도 모르는 사이에 이제는 여러 가지 활동에 흥미를 갖게 되었습니다."

교육자가 보기에는 하드 부인의 고백이 신기한 일은 아니다. 일단 배우려는 의욕과 배운 것을 응용하려는 의욕으로 자극되며, 그 사람의 전체에 활기를 주는 행동과 의욕이 움직이기 시작할 것이다. 목적 달성의 순환 과정이 형성되어, 바로 하드 부인처럼 책에서 가르친 원칙의 하나를 실행에 옮기고 그것에 대한 성취감을 맛보게 될 것이다.

우리들 중에서 직업 교사 이외에도 하루 동안에 사람들에게 지식이나 정보를 주는 이야기를 하는 기회가 많이 있다. 예를 들면 부모들로서 아이들에게 무엇을 가르친다든가, 가까운 사람에게 개인 기술을 익히는 새로운 방법을 설명한다든가, 제일 좋은 여행에 대해서 의견을 교환하는 관광객들……

다시 말해서 우리들은 명석한 사고와 강력하고 풍부한 표현을 필요로 하는 회화를 해야 하는 입장에 놓이게 된다. 지식이나 정보를 제공하는 이야기에 관해서 2장에서 서술한 것은 이러한 경우에도 적용된다.

직장에서 효과적인 화술을 활용하라

이번에는 의사 전달 과정 중에서도 직업에 영향을 주는 영역에 들어가 보자. 세일즈맨·지배인·직원, 부·과장, 클럽의 지도자, 교사·목사·간호사·중역·의사·변호사·회계사, 그리고 기사로서 우리들은 여러 가지 특수한 분야의 지식을 설명한다든가, 전문적인 지도를 한다든가 하는 책임을 맡고 있다.

이와 같은 능력은 우리들을 평가하는 기준이 된다. 재빨리 무엇을 생각하고 교묘하게 표현하는 능력은 지식이나 정보를 제공하는 사이에 능력이 늘지만, 이 기술은 결코 공식으로 한정되어 있는 것은 아니다. 그것은 누구에게도 또 언제라도 이용이 된다.

오늘날, 직업상 명석한 이야기 방법의 능력이 요구되고 있는 것은, 산업계나 정부나 단체에서 최근 대화술의 교습이 성행되고 있는 것으로도 증명이 된다.

청중 앞에서 이야기할 기회를 만들라

이 책의 법칙을 이용하는 방법은 당신 스스로 청중 앞에서 이야기할 기회를 만들어야 한다. 우선 강연이 자주 행해지는 클럽에 가입하여 적극적으로 활동하라.

그리고 일에 뛰어들어 위원회의 일이나 그 외의 일에 활발하게 참여하라.

그러면서 회합의 사회자와 친해져야 한다. 그러면 연설할 기회를 자주 만들 수 있을 것이다. 그리고 속해 있는 클럽이나 단체 등에서 자신이 이야기할 용의가 있음을 알려라.

또한 연사를 필요로 하는 곳에 자진해서 가도록 하라. 모금 운동의 주최자는 그 운동을 위해서 연사를 구하고 있을 것이다. 그들은 이야기를 준비하는 데 많은 것을 제공해 줄 것이다.

유력한 연사 중에서는 그러한 방법으로 시작한 사람이 많다. 그 중에는 명성을 떨치는 사람도 있다.

라디오와 텔레비전의 스타로 널리 알려진 샘 리프슨의 예를 들어 보자.

그는 뉴욕의 고등학교 교사였다. 그는 여가 활동으로서 가족이나 친구의 아이들에게 자기 직업의 특수한 면에 관해서 짧은 이야기를 했다.

이것이 시발점이 되어 많은 단체에서 이야기를 해 주었으면 좋겠다는 의뢰가 쇄도해서 본직인 교직에 지장을 줄 정도가 되었다. 그러고는 텔레비전이나 라디오의 사회자로 환영받는 등 다방면에서 활동하게 된 것이다.

굳은 의지로 밀고 나가라

무엇이든 새로운 것을 배울 때는 쉽게 진보되지는 않기 마련이다. 조급히 달성하려 해서는 안 된다. 파도처럼 급히 진보되리라고 생각한다면 갑자기 중지되고 말 것이다.

이와 같은 정체나 퇴보 현상을 심리학자는 잘 알고 있다. 그들은 심리학 용어로 '학습 고원'이라고 부른다. 수강자들도 때로는 몇 주일이나 이러한 슬럼프에 빠지는 경우가 있다. 아무리 노력해도 거기에서 탈출하지 못할 것 같은 기분이 든다. 그래서 의지가 약한 사람은 절망하고 지쳐 버리고 만다.

그러나 끊임없이 노력하고 버티고 있는 동안에 자신도 모르는 사이에 상당한 발전을 하고 있는 자기를 발견한다. 고원에서 비행기처럼 상승한다. 그리고 저절로 이야기 안에 자연스러움과 강력함과 확신이 담겨지게 된다.

이 책의 앞부분에 서술한 것처럼, 청중 앞에 나섰을 때는 일시적으로 쇼크, 정신적인 불안을 경험하게 된다. 수를 셀 수 없을 정도로 많은 사람 앞에 나와 있는 위대한 음악가라도 이와 같은 경험을 할 때가 있다. 그러나 연주를 시작하면 동시에 청중에의 공포는 여름의 뜨거운 태양을 받은 이슬처럼 그림자도 없이 사라져 버린다고 한다.

당신도 같은 경험을 할 것이다. 의지를 굳게 한다면 이 처음의 공포는 능히 극복할 수 있을 것이다. 문제가 되는 것은 시작이다. 그러나 조금만 이야기하게 되면 다음은 스스로 자기를 조절할 수 있게 된다. 그러고는 반드시 적극적인 기쁨을 갖고, 계속 이야기하게 되는 것이다.

언젠가 법률을 배우려고 마음을 먹었던 한 청년이 링컨에게 조언을 구하는 편지를 썼다. 링컨은 다음과 같이 회답을 했다.

"만일 당신이 변호사가 되겠다고 굳게 결심하고 있다면, 당신은 이미 반 이상은 그 목적을 이행한 것과 같습니다. 성공하고자 하는 결심이 무엇보다 중대하다는 것을 늘 명심하십시오."

링컨은 그것을 밑바닥에서부터 경험해 왔기 때문에 이미 잘 알고 있었다. 그의 일생에서 학교에 다닌 것은 모두 합해 1년도 채 안 된다. 그러나 링컨은 자기의 집에서 50마일 이내에 있는 책은 모두 빌려서 읽었다는 이야기가 전해진다. 작은 방에는 난로가 계속 피워졌다. 그리고 그 불빛으로 책을 읽었다.

링컨은 통나무로 만든 집에서 나무와 나무 사이에 책을 끼워 두는 일이 있었다. 그리고 책을 읽을 수 있을 정도로 날이 밝아지면 즉시 침상에 배를 깔고는 통나무 사이에서 책을 뽑아 읽었다고 한다.

그는 또 2, 30마일의 거리라도 걸어서 강연을 들으러 갔으며, 돌아오는 길에는 초원이나 밀림에서, 혹은 마을의 식품점에 모인 사람들을 앞에 놓고 연설을 했다.

그는 뉴 세일럼과 스프링필드의 토론회에 입회해서 '시간'이라는 주제에 관해 이야기하는 연습을 했다. 링컨은 여성 앞에서는 대단히 수줍어했다. 메리 도드와 결혼하기까지의 교제 기간 중 말을 하는 것은 언제나 그녀 쪽이고, 링컨은 부끄러워 입을 다물고 한쪽에 앉아서 그녀의 말을 들을 뿐이었다.

그러한 링컨이 실질적인 연습과 독학에 의해서 당시 가장 완전한 웅변가라고 불리던 더글러스 상원의원과 당당히 어깨를 겨루는 연사가 되었다.

그리하여 게티즈버그에서의 두 번째 대통령 취임 연설에서 인류 역사상 최고의 웅변을 한 것이다

에이브러햄 링컨의 훌륭한 초상화가 백악관의 대통령실에 걸려 있다.

"결론을 내릴 문제가 있을 때, 복잡한 일로 머리를 앓을 때, 대립된 권리나 이해 관계에 말려드는 문제가 있을 때 나는 링컨의 초상을 바라보며 그가 현재의 나라면 어떻게 처리할 것인가 생각해 봅니다. 묘안은 들리지 않지만, 나는 그 덕분으로 문제의 해결이 용이하게 됨을 느낍니다."
라고 루스벨트 대통령은 고백하였다.

링컨이라면 어떻게 할지를 알고 있을 것이다. 그러나 우리는 그가 과연 어떻게 했을지 알 수는 없다. 상원의원의 의석을 놓고 스티븐 A. 더글러스에게 승리한 후에, 링컨은 자신의 후원자들에게,

"한 번의 실패로 백 번 승부를 단념하지는 않습니다."
라고 말해 주었다.

좋은 결과를 확신하고 계속하라

매일 아침 윌리엄 제임스 교수의 다음과 같은 말을 암기하는
것은 매우 좋은 방법이라고 생각된다.

"어떠한 부문에서도 교육의 성과에 대해 청년들에게 걱정스
러운 생각을 하지 않도록 하는 것이 좋다. 공부하는 시간을 충
실하게 보내면 최종의 결과는 조금도 걱정할 필요가 없다. 꾸
준히 노력하면 어느 날 아침 눈을 떴을 때 무엇이든 자기가 선
택한 분야에 있어서 유능한 사람이 되어 있을 것임을 확신해도
좋다."

제임스 교수의 말은 절대적으로 옳다. 착실하고 올바르게 훈
련을 쌓으면, 어느 날 아침 눈을 뜨면 당신이 살고 있는 도시,
아니면 지역 사회에서 유능하다고 불리는 연사가 되어 있음을
느낄 것이다.

지금은 여러분이 믿기 힘들겠지만, 일반적으로 그렇다. 물론
예외는 있다. 지력이나 개성의 열등감으로 아무것도 이야기할

수 없는 사람은 성장할 수 있는 길이 없다.

한 예를 들겠다.

뉴저지 주의 스드그스 지사가 드렌든에서 열린 나의 강의 폐
회식에 참석했다. 그리고 그날 저녁, 워싱턴의 의회에서 들은 연
설에 비할 수 없게 훌륭하다고 말했다.

이러한 명연설을 한 것은 수개월 전까지는 연단 공포증으로
한 마디도 입을 열지 못했던 사업가들이었다. 그들은 키케로처
럼 천부적 소질을 가지고 있었던 것이 아니었다. 어디에서나 볼
수 있는 사업가들이다. 그런 사람도 어느 날 아침 눈을 뜨고 보
니, 자신이 살고 있는 시에서 가장 유능한 연사가 되어 있음을
체험한 것이다.

자신감과 사람 앞에서 이야기하는 능력을 지니려고 노력하
는 사람들을 나는 무수하게 알고 있으며, 또 보아 왔다. 그 중
에서 천부적 재능을 가졌던 사람들을 손으로 꼽을 수 있을 정
도였다. 그러나 그들은 쉴새없이 노력했다. 몇몇 사람들은 때때
로 의기 소침하다든가, 아니면 돈벌이 때문에 진보되지 않은 채
그 자리에서 그만두기도 한다.

그러나 열심히 노력하는 사람은 최후에는 선두에 서게 되었다.

이것은 자연스러운 현상이다. 이와 같은 현상이 사업이라든
가 보통 일에도 적용된다는 점에 마음이 가지 않는가?

존 D. 록펠러 주니어는 사업으로 성공하는 데의 필수 조건은 인내와 최후에는 반드시 성공한다는 확신이라고 말했다. 그것은 또한 효과적인 이야기 방법의 필수 조건 중의 하나이기도 하다.

몇 년 전 어느 여름, 나는 알프스에 있는 와일다가이세 산을 오른 적이 있다.

베데가의 안내서에는 초보적인 등산가는 가이드가 필요하다고 써 있었다. 친구와 나에게는 가이드가 없었으며 우리들은 초보자였다. 거기서 제삼자인 파디가 우리들에게 대장부냐고 물었다.

"물론이지요."

하고 우리들은 대답하면서,

"왜 물어 보십니까?"

하고 상대에게 반문했다.

그리고 의아해 하는 그를 바라보며,

"가이드 없이 오른 사람도 있으니까요."

하고 나는 말했다.

"가이드 없이도 할 수 있다고 생각하며, 나는 무엇을 하든 패배를 생각한 적은 없습니다."

그것은 모든 것에 해당되는 진리라고 생각된다.

당신이 성공하는가, 실패하는가는 이야기하기 전의 태도에 의해서 좌우된다. 완전히 자기를 조절하면서 타인에게 이야기를 하는 자기의 모습을 갖도록 노력하라.

용기를 갖고 지속하면 어렵지 않을 것이다. 그것을 믿으라.

남북전쟁 중 듀폰 제독은 찰스톤 항에 군함을 진입시키지 않은 이유를 몇 가지 늘어놓았다. 그것을 열심히 듣고 난 후에 파라가드 제독이 말했다.

"또 한 가지 이유가 있습니다."

"무엇이오?"

하고 듀폰 제독은 반문했다.

"당신에게는 그렇게 하려는 신념이 없었다는 것이 이유입니다."

라고 파라가드 제독이 대답했다.

나의 강좌에서 대부분의 수강생들이 몸에 지닌 가장 중요한 것은 확대된 자신, 즉 무엇을 성취하려는 자기의 능력에 대한 강한 확신이다.

무엇을 하려 할 때, 그것을 성공시키려는 의지보다 중요한 것이 있겠는가? 에머슨은 이렇게 말했다.

"위대한 것 가운데 열의 없이 성취된 것은 없다."

윌리엄 리온 펠프스는 이제까지 예일 대학에서 교편을 잡은 교수 중에서 가장 사랑받고 인기가 많았던 교수였다. 그의 저서 《가르치는 즐거움》이란 책에서 그는 이렇게 말했다.

"나에게 있어서 가르치는 것은 기술이나 직업 이상의 것이다. 그것은 하나의 정열이다. 화가가 그림 그리는 것을 사랑하는 것처럼, 가수가 노래 부르는 것을 사랑하는 것처럼, 시인이 시 쓰는 것을 사랑하는 것처럼 나는 가르치는 것을 사랑한다. 아침 침상에서 나오기 전에 나는 가슴이 뛰는 기쁨을 느끼며 학생들에 대해 생각한다."

이처럼 직업에의 열의에 넘쳐 마음을 뛰게 하는 교사가 성공을 획득한 것은 당연한 일이다.

펠프스는 자기가 맡은 교직에 몰두하고 사랑과 흥분과 열의에 의하여 커다란 영향력을 학생들에게 남겨 주었다.

그와 마찬가지로 보다 효과적인 이야기 방법을 배우는 것에 열의를 쏟으면 많은 장해가 사라지고 만다는 것을 알게 된다. 효과적인 의사 전달이라는 목적에 당신의 재능과 힘을 집중시켜라. 자신감 있는 태도와 안정된 목소리로 청중의 관심을 사로잡고, 그 감정을 일으켜서 많은 것을 납득시키고 행동케 한다는 것에서 생기는 우월감을 생각하라.

자기 표현력은 다른 방면에서도 당신을 유능하게 만들어 줄 것이다. 효과적인 이야기 방법의 훈련은 모든 분야의 일이나 생활에 있어서 매우 중요하기 때문이다.

한 강사가 이런 말을 했다.

"청중의 주의를 끌고 훌륭한 연설을 할 수 있다는 자신감을 가질 때, 그때까지 경험하지 못한 내적인 힘과 용기와 평정의 감각이 계발된다. 그 결과는 꿈에도 생각지 않았던 것에 도전하고 그것을 성취하게 만든다. 나아가서 사람들 앞에서 이야기하고 싶은 기분이 들기도 한다. 그리고 직업이나 사회적인 활동에 있어서 적극적인 역할을 맡는 지도자가 된다."

'지도자로서의 자격'이라는 말은 이제까지 여러 번 사용해왔다. 명석하고 강력한 표현력은 사회의 지도자에게는 필수 조건이다. 이 표현력은 개인 대 개인의 대담에서부터 대중에 대한 발언에 이르기까지 어디서나 필요하다.

적절하게 응용할 수만 있다면 이 책의 내용은 가정이나 교회의 집회, 민간 단체나 회사, 그리고 정치 활동에 있어서 지도자로서의 능력을 발전시키는 데 큰 힘이 될 것이다.

세계를 움직인 명연설문

Public speaking and Influencing men in business

운명을 걸고
미국의 닉슨 대통령

나의 동포 미국인 여러분!

나는 오늘 부통령 후보자의 자격으로, 그리고 정직성과 성실성을 의심받는 한 인간으로서 오늘 밤 여러분 앞에 이렇게 나왔습니다.

여러분은 상원의원 닉슨이 지지하는 사람들의 한 그룹으로부터 1만 8천 달러를 받았다는 비난 기사를 읽으셨으며, 그전의 얘기도 들으셨을 것으로 압니다.

자! 그렇다면 그것의 옳고 그름을 판단하라고 한다면 잘못된 것이라고 말하겠습니다. 그러나 그것은 잘못이었으나 위법은 아니었다고 말하고 싶습니다.

그것이 합법적인가 위법적인가는 이 문제에 해당되지 않으며, 문제는 그것이 과연 도덕적으로 잘못된 것이냐는 것입니다.

1만 8천 달러의 돈이 조금이라도 닉슨 개인용으로 사용되었다면 도의적으로 나빴다고 하겠습니다. 그리고 그 돈을 비밀리에 받고 비밀로 취급했다면 나빴을 것입니다. 그리고 또 그 돈을 기부한 사람이 그 현금의 대가로 어떤 특별 대우를 받았다면 도의적으로 나빴다고 하겠습니다.

나는 이제 이런 의문들에 대해서 이렇게 답변하고자 합니다.

1만 8천 달러나 그 밖에 다른 그런 종류의 돈이 한 푼이라도 나에게 전달되어 내 개인이 쓴 일은 없습니다. 그 돈은 모조리 정치 비용으로 사용되었으며, 나는 그런 정치 비용을 미국 납세자에게 부담시켜서는 안 된다고 생각합니다.

이 기금의 기부자나 내 선거비의 기부자로서 일반 선거구민이 받지 못하는 어떤 특혜를 받은 사람은 하나도 없다는 사실을 분명히 해 두고자 합니다.

자, 이제 나는 어떻게 하는 것이 좋겠습니까? 이 사건은 미국 정치사상 전례 없는 것입니다

나는 이 시간을 이용해서 텔레비전과 라디오 시청자 여러분에게 철저한 재산 내력—을 밝히고자 하는 바이며, 여러분이 사실을 알아주기를 바랍니다.

많지는 않으나 나와 아내 패트는 우리가 가지고 있는 돈 하나하나가 정말로 정직하게 번 우리의 것이라는 사실에 무척 만족하고 있습니다.

아내 패트에게 밍크 코트는 없습니다만 공화당의 코트가 있

으며, 나는 아내에게 늘 어떤 코트를 입어도 멋있게 보인다고 말해 줍니다.

또 하나 말씀 드릴 것이 있습니다. 선거 뒤에 우리는 선물 하나를 받았습니다. 아내가 라디오 방송에서 우연히 우리 어린 두 딸이 개 한 마리를 가지고 싶어한다는 것을 얘기한 일이 있는데, 텍사스 주에 사는 한 남자가 이 말을 들었습니다.

믿으실지 모르지만 우리가 이 선거 운동 여행을 떠나기 바로 전날에 볼티모어의 유니온 철도역으로부터 우리 앞으로 짐이 하나 와 있다는 통지를 받았습니다. 그것이 무엇인지 아시겠습니까? 그것은 텍사스에서 그분이 보내 온 어린 스패니얼 종 개 한 마리였습니다.

여섯 살의 어린 딸 트리샤아는 그 점박이 강아지를 체커스라고 이름 지었습니다. 우리 두 딸이 그 강아지를 귀여워해 주고 있으리라는 것을 여러분도 짐작하실 것입니다. 나는 다른 사람들이 이 사실에 대해서 무어라 비판하더라도 우리는 그 개를 끝까지 기르겠다는 점을 밝혀두고 싶습니다.

여러분은 신문에서 그 밖의 기금에 관한 기사도 읽으셨을 것입니다. 스티븐슨 씨는 그런 기금을 한두 개 가지고 있는 것이 분명합니다.

그 중 하나는 사업가 그룹이 돈을 냈으며, 스티븐슨 씨는 일리노이 주 공무원의 봉급을 충당하는 데 사용했다고 합니다. 이것이 바로 그 돈이 그들의 호주머니에 직접 들어간 경우입니다.

스티븐슨 씨는 내가 하는 것처럼 미국 국민 앞에 나와 그 기금을 낸 사람의 이름과 주 정부로부터 돈을 받음과 동시에, 자기 호주머니에 그 돈을 넣은 사람들의 이름, 그리고 그들이 그 돈의 대가로 어떤 특혜를 받았는가를 밝혀야 할 줄로 압니다.

엘저 히스 사건이 일어났던 어두운 시기에 지금 나를 공격하고 나의 입장을 잘못 보도하고 있는 바로 그 칼럼니스트와 방송 시사해설자들이 그 당시 나를 맹렬히 반대했었다는 사실을 기억하고 있습니다.

여러분은 내가 공화당 부통령 입후보를 철회할 것인가, 아니면 그대로 머물러 있을 것인가를 궁금히 여기고 있었으리라 생각합니다. 나는 겁쟁이가 아니기 때문에 사퇴해서는 안 된다고 믿고 있습니다.

아내 패트 역시 그렇습니다. 내 아내의 이름은 패트리시아 라이언이며, 아일랜드 사람은 결코 도중에서 그만두는 일이 없다는 것을 여러분은 아실 것입니다.

그러나 그 결정은 내가 내릴 성질의 것이 아닙니다. 아이젠하워 장군이 미국 대통령이 될 기회를 놓치는 어리석음을 내가 범해서는 안 될 것입니다. 따라서 이 방송이 끝난 뒤에 공화당 전국위원회에게 결정을 내리도록 요구하겠습니다.

그의 부통령 후보가 적절한지 아닌지는 그들에게 결정케 하는 동시에, 여러분에게도 그들의 결정에 도움이 되는 조언을 하여 주시도록 부탁 드립니다.

나의 거취를 공화당 전국위원회에 전보를 쳐주십시오. 그들의 결정이 어떻게 내리든지 나는 그 결정을 따르겠습니다. 나는 마지막으로 이렇게 말씀 드리고 싶습니다. 어떤 일이 생기든지 부정 부패자들과 공산주의자를, 그리고 그들을 옹호하는 자들을 워싱턴에서 몰아낼 때까지 이 싸움을 계속하면서 미국 전국을 순회할 작정입니다.

여러분! 아이젠하워 장군은 위대한 분입니다. 나를 믿으십시오. 그분은 훌륭한 인물입니다.

※주註 : 리처드 M. 닉슨은 미국 제37대 대통령으로 당선된 칠전팔기의 인물. 재기 불능이라는 세평을 단호히 거부하고 세계 정상의 영광을 차지하게 한 연설이 바로 이 연설이다.

Public speaking and Influencing men in business

인도는 침략에 반대한다
인도의 네루 수상

인도의 정치는 평화와 타협을 지향하는 데 있습니다. 그러나 현재와 같은 열악한 정세 아래서는 중립을 유지할 수가 없습니다.

나는 미국의 위대한 민주주의가 우리 인류의 생활 문제를 해결하고 발전시키리라는 것을 확신하는 바입니다. 미국의 민주주의는 이상을 가지고 있기 때문입니다. 그렇기 때문에 미국과 인도 양국의 우호 관계와 협력은 극히 자연스럽습니다.

따라서 나는 정의와 자유와 평화에서 나의 견해를 감히 제언합니다. 내가 이번에 미국을 방문한 목적은 미국을 발견하기 위함입니다.

나의 방문에 대하여 미국 정계로부터 받은, 진심어린 환영은 분에 넘치는 것으로 감사해 마지않습니다. 재작년 트루먼 대통령은 나의 미국 방문을 가리켜 미국의 발견 여행이라고 말씀하셨습니다.

그러나 미국은 미지의 국가가 아닐뿐더러 오히려 인도 국민의 대부분이 미국의 이상과 목적을 찬미하면서 성장해 왔습니다. 그렇지만 우리가 미국을 이해한다 하더라도 두 나라의 상위점은 스스로 존재하는 것입니다.

이에 미국의 문화와 역사를 더 한층 연구해야 될 것이라고 생각하고 있습니다. 즉, 그것은 이해를 초월하여 공통된 이념을 밑바탕으로 협력을 증진시켜야 된다는 것입니다.

오늘날 세계 여러 나라 또는 국민 사이에 결여되어 있는 것은 상호 이해와 감사의 마음입니다.

따라서 내가 미국을 방문한 목적은 미국의 진심을 발견하는 동시에 우리의 진심을 토론하기 위함입니다. 나는 이렇게 하는 것만이 상호간의 이해와 협력을 증진시키는 것이라고 굳게 믿고 있습니다.

지난 이틀 동안 나는 워싱턴에서 미국의 위대한 건국의 기념물을 관람하였습니다. 그리고 나의 목적은 의식적인 데 그치는 것이 아니라, 그로부터 교훈을 얻고자 함에 있었습니다.

미국의 건국자의 이념은 자유를 원하는 만인의 가슴을 울리는 것이었습니다. 그들은 비단 미국을 위해서만 투쟁한 것이 아니라, 온 세계를 위해서도 몸을 바친 것입니다. 물론 인도에도 우리 인도 국민으로 하여금 도덕주의를 확립케 하고 평화에 대한 신념을 확고하게 하는 인물이 있습니다. 이들을 우리는 국민의 어머니라고 부르고 있습니다.

미국의 과거에 있어서도, 그리고 현재에 있어서도 자유와 평화를 위하여 투쟁하고 있으며, 그렇기 때문에 오늘날에 위대하고도 강력한 국가를 형성할 수 있었던 것입니다.

미국은 참으로 인류의 물질적·기술적, 그리고 과학적인 성장을 최고도로 과시한 국가입니다. 인도 헌법은 미국으로부터 많은 것을 본받았습니다.

참고 삼아 그 요지를 말씀 드릴 것 같으면,

"우리 인도 국민은 인도를 민주공화 주권 국가로 선언하는 동시에, 인도 국민에게 정의적·사회적·경제적인 모든 것을 보장하고 사상의 표현과 신앙의 자유를 보장한다. 그리고 개인의 특권을 확보하며 국민의 단결을 확보한다."

여러분은 여기에서 인도의 헌법이 얼마나 귀국 헌법의 영향을 많이 받았는가 아실 수 있을 것입니다.

인도는 동양의 늙은 민족이요, 미국은 새 민족이라 할지라도, 인도는 유럽의 새로운 제도를 갈망하고 있습니다. 그렇기 때문에 인도는 민주주의 원칙에 의한 자유 국가의 하나로 참가한 것입니다.

그러나 인도가 비록 정치적인 자유는 획득하였다 하더라도 경제적인 토대 없이는 성취할 수 없는 생활과 행복의 보장을 아직 얻지 못하고 있습니다.

따라서 오늘날의 인도의 우선적 임무는 국민의 생활 수준을 높이는 것이며, 모든 것을 인도 국민의 경제 향상에 집중시켜야 합니다. 이는 인도의 당면 문제일 뿐만 아니라 실로 아시아의 가장 긴급한 문제이기도 합니다.

인도는 사실상 아시아 여러 나라 중에서 공업면으로 볼 때 일곱 번째나 여덟 번째밖에 되지 않습니다. 그리고 인도의 다수 국민을 기준으로 볼 때, 아직 인도의 공업은 국민을 빈곤으로부터 해방시키기에는 앞길이 멀게만 느껴집니다.

인도의 이와 같은 빈궁을 없애 버리려면 막대한 생산과 충분한 분배, 그리고 교육의 진화와 부단한 증진이 있어야만 됩니다. 그렇기 때문에 인도는 지금 이를 첫째 목표로 삼고 총력을 기울여 매진하고 있습니다.

그러나 우리가 혼자 힘으로 이를 달성하기에는 너무나 과중한 일이어서 기술적 원조와 기계의 수입을 절실히 요망하고 있습니다.

우리는 이러한 원조를 크게 환영하고 있으며, 이렇게 하는 것이 인도를 위해서뿐만 아니라 온 세계를 위한 의무임을 명확히 말씀 드립니다.

나는 우리가 애써 획득한 자유를 희생시키면서까지 이러한 물질적인 원조를 얻고자 하는 것은 절대로 아니라는 사실을 확언해 둡니다.

인도 외교 정책의 근본 목적은 세계 평화와 인간의 자유를 확보하는 것입니다. 평화가 없는 승리자는 반드시 패배의 고배를 마시게 되는 것이며, 이 같은 존속은 미래의 공포를 낳습니다.

인도는 세계 정치사상 새로운 국가일지는 모르겠습니다만, 평화를 위하여 싸워 왔으며, 인도 부흥은 평화를 초래하게 될 것이라는 신념을 양성해 왔습니다.

그러므로 저 위대한 마하트마 간디는 우리에게 평화를 지향하는 이념을 제시하였으며, 어제까지의 적군에게도 우애를 베풀라고 강조했습니다.

이와 같은 주장을 어떻게 행동으로 옮길지는 잘 모릅니다. 다만 내가 말할 수 있는 것은 행동 뒤에 숨어 있는 사상이야말로 궁극적인 해결의 근본이라는 것입니다.

인도는 자유를 이뤄야 되며, 자유를 지켜야 합니다. 인도는 침략의 성질을 띠는 모든 것에 의연히 대항할 것입니다. 지금까지 말씀 드린 것이 인도의 대외 정책의 근본입니다.

우리는 인간의 진실과 인간의 자유를 침해하는 어떠한 도전도 원치 않습니다. 그렇기 때문에 우리는 자유가 침해되는 곳, 정의가 무시되는 곳, 또는 침략 행위가 감행되는 곳에 눈을 가리지 않을 것입니다.

미국의 위대한 민주주의는 인도 국민의 생활 문제에 대해서 이해와 결의를 갖는 데에 참으로 큰 영향을 주었습니다. 그 까닭은 민주주의에 입각한 목적이란 둘이 될 수 없기 때문입니다.

인도와 미국 두 나라의 친선과 협조는 극히 자연스럽습니다. 나는 이 점에 입각하여 정의와 자유와 평화를 위하여 목숨 바쳐 싸울 것을 맹세합니다.

※주註 : 네루는 인도 독립운동에 헌신하여 1947년 인도의 독립과 함께 초대 수상으로 피선, 수상직을 역임한 바 있는 중립주의자

한국의 지상 목표
미국의 닉슨 대통령

존경하는 국회의장님, 그리고 의원 여러분!

이 국회의사당 건물은 한국 국민의 용기와 거룩한 희생으로 이루어진 기념탑입니다.

국민에 의해서 선출된 국회는 자유를 뜻하는 상징이며, 공산주의자가 지배하고 있는 곳에서는 도저히 존재할 수도 없는 것입니다.

자유라는 것은 실로 여러 가지 뜻을 지니고 있습니다만, 무엇보다도 중요한 것은 국민이 자유로운 선거를 통해서 그들의 통치자를 선출하는 권리를 누린다는 점입니다.

우리는 한국에서 자유로운 선거가 실시될 수 있는 날이 한시라도 빨리 오기를 희망하고 있습니다. 우리는 그러한 자유로운 선거가 한국 전역에서 실시된다면, 한국 국민이 자유스럽고 민주적인 정치 체계에 단연 압도적으로 찬성 의사를 표명하리라는 것을 잘 알고 있습니다.

나는 미국을 대표하여 우리를 위해서뿐만이 아니라, 모든 자유 세계의 국가와 인류를 위하여 한국 국민이 이룩한 일에 대해서 진심으로 깊은 사의를 표명하는 바입니다.

이제 한국은 전세계에 그 이름이 널리 알려져 있으며, 한국이라는 단어는 여러 가지 많은 일을 의미하고 있습니다.

바로 여기 한국의 땅 위에서 한국과 미국, 그리고 수많은 연합국의 청년들이 공동으로 투쟁하고 있는 모든 원칙을 위하여 우리들이 귀중한 목숨을 바쳤습니다.

그것은 한국에 대하여 한국의 독립과 한국의 자유를 구하였던 전쟁이 바로 이 땅에서 일어났다는 사실을 의미하기도 합니다.

그러나 그 속에 담겨진 의의는 우리들이 이곳에서 목격하는 개개인의 슬픔과 희생 이상의 것이며, 세계적으로는 공산 침략이 이 땅에서 저지되었고, 이 땅에서 치러진 희생의 대가로 세계 국민이 자유를 누릴 수 있는 기회를 갖게 되었음을 의미합니다.

비록 미국 군인과 UN군들이 이 희생에 참가하였지만, 만약 한국 국민에게 공산 침략에 항거하려는 용기와 결심이 없었더라면 공산 침략은 저지될 수 없었을 것이며, 저지되지도 못했을 것입니다.

그런 점에서 볼 때 지금 자유 세계에서 살고 있는 모든 사람들과 자유롭게 살고자 하는 사람들은 모두 한국 국민들에게 쉽게 갚을 수 없는 지대한 은혜를 입고 있는 셈입니다.

한국에서 일어났던 그 일은 앞으로 있을지도 모르는 어떠한 침략 전쟁에 대해서도 엄숙한 경고가 될 것이며, 이미 치른 한국전쟁은 우리 시대뿐만 아니라 앞으로 올 미래에 있어서도 궁극적인 평화를 보장할 수 있는 방안과 계획을 마련하게 해 줄 것입니다.

우리는 모두 한국의 장래를 주시하고 있습니다.

미국 정부와 국민은 한국의 장래에 대하여 여러분이 관심을 가지고 있는 만큼의 깊은 관심을 가지고 있다는 것을 확신하는 바입니다.

미국 정부는 한국의 경제 부흥을 위하여 한국 정부와 더불어 활동을 전개하고 협조해 나가는 것을 기쁘고 자랑스럽게 여기고 있으며, 자유로운 독립된 통일 한국을 성취하는 한국의 지상 목표에 미국 정부와 국민은 한국 정부와 국민과 함께 굳게 결속되어 있는 것입니다.

나는 공산 침략에 단독적으로 대항하고자 했었더라면 그 침략이 격퇴되지 못했으리라는 점을 강조하고자 합니다.

우리는 한국의 지상 목표, 즉 자유·독립·통일 한국을 평화롭게 성취하기 위하여서는 결코 단독적으로 움직여서는 안 될 것임을 확신하고 있습니다.

나는 한국 정부와 입법 기관의 지도가 전쟁에 있어서 승리를 확신케 했다고 믿으며, 앞으로도 우리의 목표를 평화롭게 달성하는 데 도와줄 수 있는 긴밀한 협조가 계속하여 이뤄지리라는 것을 굳게 믿는 바입니다.

조금 전 국회의장께서 나를 여러분에게 소개하시면서 '한국의 염원은 오직 통일이며 그렇지 않으면 죽음뿐'이라고 말씀하셨습니다.

나는 그렇게 말한 심정을 충분히 이해할 수 있습니다. 그러나 가능하다면 평화로운 가운데 통일의 목적을 달성하는 것이 바로 의원으로서, 그리고 국민을 이끄는 정치 지도자로서의 책임이라고 생각합니다.

우리들의 목적은 어디까지나 '죽음 없는 통일'이어야 하며, 앞으로 우리는 이 사실에 신념을 가지고 있어야 할 것입니다.

한국의 자유·독립·통일은 그것이 옳고 당연한 것이므로 반드시 실현될 것입니다.

이루고자 하는 것이 옳은 일이라면, 그리고 그 위대한 원칙을 믿는 사람이 그 목적을 이룩하고자 협력해 나간다면 그것은 반드시 이루어지고야 말 것입니다.

비록 수적으로는 적은 민족이긴 하지만, 정신적인 면에 있어서는 위대한 한국 국민이야말로 아시아에 있어서나 전세계에 있어서나 평화와 민주주의의 이상을 위하여 거대한 힘이 될 것이라는 점을 나는 여기서 분명히 예언하는 바입니다.

※주註 : 리처드 M. 닉슨은 대통령에 당선되기 훨씬 이전에 우리 나라를 두 번 방문했었다. 1953년, 한국전쟁의 휴전이 조인된 지 바로 몇 달 후인 11월 12일에 처음으로 우리 나라를 공식 방문했고, 1963년 8월 13일에는 개인 자격으로 방문했다.

그런 뜻에서 닉슨의 대한관을 살펴보는 것도 의의가 있으리라 믿어, 닉슨이 우리 나라를 방문했을 때 행했던 연설을 소개했다.

카네기 대화술

1판 1쇄 인쇄 2008년 3월 20일
1판 1쇄 발행 2008년 3월 30일

지 은 이 데일 카네기
옮 긴 이 미래경제연구회
편집주간 장상태
편집기획 김범석
디 자 인 정은영

발 행 인 김영길
펴 낸 곳 도서출판 선영사
주   소 서울시 마포구 서교동 485-14 영진빌딩 1층
Tel 02-338-8231~2   Fax 02-338-8233
E-mail sunyoungsa@hanmail.net
Web site www.sunyoung.co.kr

등   록 1983년 6월 29일 (제02-01-51호)

ISBN 978-89-7558-347-6   03320